**Johannes Müller**
Pfarrer
Am Lindenberg 25
**97775 Burgsinn**
09356 / 12 34

Dekanat Lohr a. Main

# Evangelisch zwischen Spessart und Rhön

Herausgegeben
vom Evang.-Luth.
Dekanatsbezirk
Lohr a. Main

Erlanger Verlag
für Mission
und Ökumene

Das große Foto auf der Titelseite zeigt das Altarfenster aus der Dreieinigkeitskirche in Burgsinn als Aquarell von Georg Hammer.

Die Bildleiste zeigt von links nach rechts: St. Michaelskirche in Bonnland (Foto: Peter Loewens), Ruine Scherenberg in Gemünden hoch über dem Fluss Saale (Foto: Horst Rodius), „Ankündigung der Geburt Jesu durch den Engel Gabriel an Maria", Detail aus dem Flügelaltar von Matthäus Schiestl in der Auferstehungskirche in Lohr a. Main (Foto: Michael Wehrwein), Lagerfeuerromantik im Zeltlager auf Burg Feuerstein (Foto: Wolfgang Kenner).

Das Foto auf der Rückseite zeigt die Friedenskirche in Marktheidenfeld mit angebautem Treppenaufgang (Foto: Karlheinz Nickola).

Trotz intensiver Bemühungen ist es der Redaktion nicht in allen Fällen gelungen, die Inhaber der in diesem Buch abgebildeten Fotos zu ermitteln.

Evang.-Luth. Dekanatsbezirk Lohr a. Main
Dr. Gustav-Woehrnitz-Weg 6
97816 Lohr a. Main
Telefon (0 93 52) 87 16-0
Telefax (0 93 52) 87 16-33
E-Mail: Ev.Dekanat_Lohr@t-online.de

ISBN 3-87214-800-1
Herausgeber: Evang.-Luth. Dekanatsbezirk Lohr a. Main
V.i.S.d.P.: Dekan Michael Wehrwein
© 2003 Erlanger Verlag für Mission und Ökumene
Layout und Umschlaggestaltung: Sascha Müller-Harmsen
Lektorat, Produktion: F.-M. Rommert, Lohmar. www.rommert.de
Druck und Bindung: Westermann Druck Zwickau GmbH

# Inhalt

Vorwort .................................................... 5

## Zur Geschichte, Gegenwart und Landschaft
Evangelisch im Herzen Deutschlands ....................... 6
Der Spessart ............................................. 12
Die Rhön ................................................. 17
Schlaglicht der Kirchengeschichte ........................ 27
Thüngensche Cent ......................................... 31
Adeliges Damenstift Waizenbach ........................... 49
Lehmgrubener Diakonissen-Mutterhaus ...................... 52

## Die Kirchengemeinden
Bad Brückenau ............................................ 54
Bonnland ................................................. 62
Burgsinn ................................................. 64
Detter ................................................... 71
Dittlofsroda ............................................. 73
Eckarts .................................................. 74
Gemünden am Main ......................................... 76
Geroda ................................................... 79
Gräfendorf ............................................... 85
Hammelburg ............................................... 87
Heiligkreuz .............................................. 95
Heßdorf .................................................. 96
Höllrich ................................................. 98
Lohr a. Main ............................................ 101
Marktheidenfeld ......................................... 108
Mittelsinn .............................................. 116
Partenstein ............................................. 123
Völkersleier ............................................ 128
Waizenbach .............................................. 130
Weickersgrüben .......................................... 132

# Inhalt Fortsetzung

Weißenbach .................................................. 134
Wildflecken .................................................. 143
Zeitlofs ..................................................... 147

## Übergemeindliche Angebote im Dekanatsbezirk

Dekanats-Kirchentage ......................................... 151
Diakonie im Dekanat .......................................... 153
Familienarbeit ............................................... 156
Frauenarbeit ................................................. 157
Kinder- und Jugendarbeit ..................................... 158
Kirchenmusik ................................................. 161
Lektoren- u. Prädikantenarbeit ............................... 164
Männerarbeit ................................................. 166
Militärseelsorge ............................................. 167
Notfallseelsorge ............................................. 170
Seniorenarbeit ............................................... 171
Ausblick ..................................................... 172

## Namen und Zahlen

Redaktion und Spender ........................................ 173
Pfarrämter und Gemeinden im Dekanat Lohr a. Main ............. 174
Anschriften der Pfarrämter und Gemeinden ..................... 175
Karte des Dekanatsbezirkes Lohr a. Main ...................... 176

# Vorwort

"Evangelisch zwischen Spessart und Rhön" lautet der Titel der Neuauflage unseres Dekanatsbuches. Über zwanzig Jahre sind seit dem Erscheinen der ersten Ausgabe eines Dekanatsbuches vergangen. Mein Vorgänger, Dekan Friedrich Heckel, und der damalige Hammelburger Pfarrer Hans-Joachim Baumgardt haben es zusammen mit vielen Mitarbeitern gestaltet. Wir sind dankbar für ihre Arbeit und knüpfen gerne daran an.

In zwei Jahrzehnten hat sich in unserem Dekanatsbezirk viel verändert. Das gilt im Blick auf Menschen, aber auch im Blick auf Strukturen. Neue Situationen erfordern neue Antworten. Wir versuchen, sie im Geist des Evangeliums in Wort und Tat zu geben.

Bedingt durch den Fall des „Eisernen Vorhangs" sind viele Menschen aus dem Gebiet der ehemaligen DDR und aus der ehemaligen Sowjetunion bei uns zugezogen. Unser Dekanatsbezirk ist zahlenmäßig gewachsen.

Vorliegendes Buch verknüpft Geschichte und Gegenwart. Es dokumentiert das Wirken Gottes in unserer Region. Allen, die bei der Entstehung mitwirkten, danke ich herzlich.

Ich wünsche Ihnen viel Freude und gute Anregungen bei der Lektüre.

MICHAEL WEHRWEIN, *Dekan*

# Evangelisch im Herzen Deutschlands

*Rund 22 000 evangelische Christen leben im Bereich des Evang.-Luth. Dekanatsbezirkes Lohr a. Main. Auf einer Fläche von 1510 Quadratkilometern erstreckt sich das Diasporadekanat von der baden-württembergischen Landesgrenze im Süden bis zur hessischen Grenze im Norden.*

Der südliche Bereich des Dekanates wird von den Höhen des Spessarts mit seinen lichten Buchen- und Eichenwäldern bestimmt. Das liebliche Maintal mit dem durch Staustufen regulierten Fluss, der als Großschifffahrtsstraße ein wichtiges Bindeglied zwischen Nordsee und Schwarzem Meer darstellt, prägt zusammen mit weiteren idyllischen Tälern das Gesicht der Landschaft. Einmalig im Blick auf Flora und Fauna ist das Hafenlohrtal, für dessen Erhalt sich auch die beiden Kirchen, der Landkreis, die anliegenden Gemeinden und eine Bürgerinitiative einsetzen.

Die Mitte und der Norden des Dekanates werden von den Kuppen der Rhön und deren Vorbergen bestimmt. Ein rauheres Klima kennzeichnet das Land der offenen Weiten. Lang und schneereich sind die Winter. Zahlreiche Bäche und kleine Flüsschen haben dort ihren Ursprung. Schondra, Sinn und Saale durchziehen die Landschaft.

Das Gesicht des Dekanatsbezirkes wird aber auch durch die modernen Verkehrsadern geprägt. Die Bundesautobahnen A 3 von

Würzburg nach Frankfurt und A 7 von Würzburg nach Fulda durchziehen das Dekanat, ebenso die Schnellbahntrasse von Würzburg nach Hannover mit einem Abzweig Richtung Frankfurt.

### ■ Die Kirchengemeinden

Abwechslungsreich wie die Landschaft ist auch die Geschichte der 22 Kirchengemeinden, die in 14 Pfarreien zusammengefasst sind. Ihre Geschichte ist eng mit der der jeweiligen Landesherren verknüpft. Burgen, Schlösser und Ruinen sind ebenso Zeugnisse dieser Geschichte wie Kirchen, Kapellen und Klöster. Der Widerstreit zwischen den Fürstbischöfen von Würzburg und Fulda, das Erzbistum von Mainz, die Herren von Thüngen, die Grafen von Rieneck und andere Adelsgeschlechter haben die Geschichte der Region bestimmt und beeinflusst. Sehr früh wurde die Reformation eingeführt. Vor allem im Gebiet der Thüngen'schen Cent konnte sich die evangelische Lehre bis in die Gegenwart behaupten. Andere Orte wurden durch die Gegenreformation gewaltsam zur alten Lehre zurückgezwungen. Dort konnten erst nach Beginn der Industrialisierung und bedingt durch die Flüchtlingsströme des 2. Weltkrieges neue evangelische Gemeinden wachsen.

Die fünf Städte im Gebiet des Dekanates liegen neben ländlich geprägten Orten. Deren Menschen verdienen heute allerdings mehrheitlich nicht mehr mit der Land- und Forstwirtschaft ihren Lebensunterhalt, sondern mit Handwerk und Industrie. Teilweise pendeln sie bis in den Ballungsraum Frankfurt hinein.

Blick über den Main auf den Spessart.
*Foto: MSP-Informationszentrale für Touristik*

### ■ Die Städte des Dekanates

*Lohr a. Main*, seit 1928 Dekanatssitz, ist die größte Stadt im Dekanat. Hydraulikindustrie, andere Industriezweige, die Glashütte und zahlreiche Handwerksbetriebe stellen auch für das Umland viele Arbeitsplätze zur Verfügung. Daneben machen das Bezirkskrankenhaus, das Kreiskrankenhaus, ein Altenheim, Forstschule, viele Schulen, Ämter und Behörden die Stadt zu einem wichtigen Mittelzentrum. Mit über 4000 Hektar Wald kann Lohr den zweitgrößten kommunalen Waldbesitz in Bayern aufweisen.

Das Lohrer Schloss beherbergt das Spessartmuseum.
Foto: MSP-Informationszentrale für Touristik

Der Fremdenverkehr gewinnt weiter an Bedeutung. Schneewittchen, dessen Wiege im kurmainzischen Schloss – heute Heimat des Spessartmuseums – stehen soll, ist neben dem Spessarträuber eine werbeträchtige Symbolfigur. Zu nennen ist auch das Schulmuseum im Stadtteil Sendelbach. Weithin bekannt ist die Lohrer Karfreitagsprozession, an der sich seit einigen Jahren auch evangelische Christen beteiligen.

*Bad Brückenau* ist der einzige Kurort im Dekanat. Seine Heilquellen und der erste ökologische Mineralbrunnen in Deutschland machen den Ort berühmt. Als „Ort der Harmonie" wirbt die Stadt um Kurgäste und Erholungssuchende. Schon Ludwig I. erholte sich hier 26-mal von den Strapazen des Regierungsalltages. Sehenswert sind der Kurpark und das Staatsbad mit der Christuskirche.

*Hammelburg* – die älteste Weinstadt Frankens – wird schon vor mehr als 1200 Jahren in einer Schenkungsurkunde von Kaiser Karl dem Großen an das Kloster Fulda erwähnt. Schloss Saaleck, das Rote Schloss und die nahe gelegene Ruine Trimburg zeugen von der reichen Geschichte. Die bayerische Musikakademie, Kloster Altstadt und die Bundeswehr tragen den Namen der Stadt in die Welt. Für SFOR- und UN-Einsätze in den Krisengebieten verschiedener Länder werden in Hammelburg Soldaten ausgebildet. Der Standort Hammelburg hat dadurch zusätzlich an Bedeutung gewonnen.

Im Truppenübungsgelände befindet sich das Übungsdorf *Bonnland*, dessen Bewohner umgesiedelt wurden. Die neu renovierte Kirche steht im Mittelpunkt des jährlichen Bonnlandfestes.

*Marktheidenfeld* beherbergt die größte und am schnellsten wachsende evangelische Kirchengemeinde im Dekanat. Zahlreiche bedeutende Industrieansiedlungen, viele Schulen und Geschäfte sowie die Nähe zur Autobahn ließen die Bedeutung der Stadt steigen. Im „Haus Lehmgruben", einst eine bedeutende Einrichtung, von Pfarrer Rektor Irmler begründet, leben heute nur noch wenige Diakonissen des „Lehmgrubener Diakonissen-Mutterhauses Breslau". Vor einigen Jahren haben „Die Rummelsberger" das Alten- und Pflegeheim übernommen und zu einer modernen Einrichtung ausgebaut.

Wenige Kilometer entfernt im Kloster Triefenstein auf der anderen Mainseite im Nachbardekanat Aschaffenburg gelegen, hat die evangelische Kommunität der Christusträger-Bruderschaft ihr geistliches Zentrum gefunden.

Die u. a. im Stadtgebiet von Marktheidenfeld ansässige Glaubensgemeinschaft „Universelles Leben" macht immer wieder durch

Negativschlagzeilen auf sich aufmerksam.

*Gemünden* hat als Eisenbahnknotenpunkt an Bedeutung verloren. Behörden, Industriebetriebe, Handwerksbetriebe und Geschäfte sowie eine neue Klinik schaffen heute in der Dreiflüssestadt viele Arbeitsplätze. Die Scherenburgfestspiele im Sommer und die „Spessartgrotte" in Langenprozelten mit einem abwechslungsreichen Programm setzen kulturelle Akzente.

### ■ Jüngste Geschichte

Große Auswirkungen auf den Dekanatsbezirk hat der Fall des Eisernen Vorhangs und die Wiedervereinigung unseres Landes. Übersiedler aus der ehemaligen DDR und Aussiedler – vor allem aus dem Gebiet der ehemaligen Sowjetunion – bilden mehr als zehn Prozent der Gemeindeglieder. Gemünden, Hammelburg, Bad Brückenau, Wildflecken und Marktheidenfeld sind durch den Zuzug besonders betroffen. Die Integration der neuen Mitbürger stellt Kommunen und Kirchengemeinden vor große Herausforderungen.

### ■ Gemeindearbeit im Dekanatsbezirk

Eine Herausforderung ist die besondere Struktur des Dekanatsbezirkes: Die Entfernungen zwi-

Der Weiler Einsiedel im herbstlichen Hafenlohrtal.
*Foto: MSP-Informationszentrale für Touristik*

# EVANGELISCH IM HERZEN DEUTSCHLANDS

Die Auferstehungskirche und das Ulmerhaus in Lohr a. Main. Hier befinden sich der Dekanatssitz und die Arbeitsstätte der Dekanats-Mitarbeiterinnen und Mitarbeiter.
Foto: Michael Wehrwein

schen den einzelnen Kirchengemeinden sind oft groß. Erschwerend kommt dazu, dass sie über drei Landkreise (Aschaffenburg, Main-Spessart, Bad Kissingen) und über drei Planungsregionen des Staates verstreut liegen.

Als gut sind die Rahmenbedingungen für die kirchliche Arbeit im Dekanatsbereich zu bezeichnen. Die Gebäude befinden sich in relativ gutem Zustand. Das Raumangebot ist weithin ausreichend. In Wildflecken und Marktheidenfeld fehlen allerdings geeignete Gemeinderäume. Im Personalbereich greift die Landesstellenplanung. Gerade für kleinere Gemeinden ergeben sich Einschränkungen. Dabei ist dort Kirche besonders gefragt. Das sollte bei weiteren Planungsschritten bedacht werden.

### ■ Viele Ehrenamtliche

Als problematisch erweist sich die Besetzbarkeit von Pfarrstellen, vor allem von halben Stellen in der Region. Im Bereich des Religionsunterrichts können vakante Religionspädagogenstellen ebenfalls nur sehr schwer besetzt werden, was Unterrichtsausfall zur Folge hat. Erfreulich sind über 1000 ehrenamtliche Mitarbeiterinnen und Mitarbeiter in den Gemeinden. Sie tragen das Gemeindeleben wesentlich mit.

Kaum denkbar ist ein lebendiges Gemeindeleben ohne Gemeindehelferinnen und -helfer, Mitarbeitende im Besuchsdienst, ohne die große Zahl der Sängerinnen und Sänger, Bläserinnen und Bläser, Kirchenvorsteherinnen und Kirchenvorsteher, Mitglieder im Dekanatsausschuss, Organisten,

**EVANGELISCH IM HERZEN DEUTSCHLANDS**

Lektorinnen und Lektoren, Prädikanten, Mitarbeiter und Mitarbeiterinnen in der Jugendarbeit und der diakonischen Arbeit, im Kindergottesdienst und bei Gemeindeveranstaltungen.

Im großen Diasporadekanat ist Kooperation unabdingbar. Eine verstärkte Zusammenarbeit in den Regionen ist eine Frucht der Dekanatsberatung.

Durch Großveranstaltungen wie die zweijährig stattfindenden Dekanats-Kirchentage, die jährlichen Kirchenvorsteher-Freizeiten auf Dekanatsebene, Frauenseminartage, Hauskreis-Freizeiten und andere Veranstaltungen wird das Zusammengehörigkeitsgefühl im Dekanat gestärkt. Auch Familienfreizeiten und andere Angebote dienen diesem Ziel.

### ■ Vielfältige Angebote

Auf unterschiedliche Weise wird versucht, den Verkündigungsauftrag zu erfüllen. Durch Zusammenarbeit mit dem Nachbardekanat Aschaffenburg in der Verwaltung, der Erwachsenenbildung und Diakonie werden Kräfte gebündelt und die Schlagkraft erhöht. Im Jahr 2001 zog die Geschäftsstelle des Diakonischen Werkes Lohr a. Main in die Räume des ehemaligen Forsthauses in Partenstein um. Durch Mithilfe der dortigen politischen Gemeinde haben der Diakonieverein Partenstein und das Diakonische Werk Lohr im „Haus der Diakonie" eine neue Heimat gefunden.

Das Diakonische Werk Lohr unterhält die größte Familienpflegestation im Bereich der Evang.-Luth. Kirche in Bayern. In der Kirchlichen Allgemeinen Sozialarbeit und in der Aussiedlerarbeit sind weitere Mitarbeiterinnen und Mitarbeiter tätig.

Die ökumenische Zusammenarbeit mit der römisch-katholischen Kirche ist überwiegend als gut zu bezeichnen. Sorge bereitet das Treiben der traditionellen Sekten wie Zeugen Jehovas und Neuapostolische Kirche, aber auch die Neuoffenbarungsreligion „Universelles Leben" im Dekanatsbereich.

Die Zusammenarbeit mit staatlichen und kommunalen Stellen, mit Verbänden und Vereinen sowie mit den Medien ist gut.

### ■ Im Herzen Deutschlands

Das kirchliche Leben im Dekanat ist lebendig. Auch wenn das Dekanat etwas am Rand der Landeskirche zu liegen scheint und München weit weg ist, liegt es doch im Herzen Deutschlands.

---

MICHAEL WEHRWEIN, *Dekan*

*Evang.-Luth. Dekanatsbezirk Lohr a. Main, Dr. Gustav-Woehrnitz-Weg 6, 97816 Lohr a. Main, Tel. (0 93 52) 8 71 60, Fax: (0 93 52) 87 16 33, E-Mail: Ev.Dekanat_Lohr@t-online.de*

# Der Spessart

*Vernimmt man das Wort Spessart, kommen einem sicher drei Gedanken: an den Spessartwald, an die Spessarträuber und an das „Wirtshaus im Spessart".*

Foto: MSP-Informationszentrale für Touristik

Räuber hat es im Spessart nicht häufiger gegeben als anderswo auch. Sie existieren nur noch auf den Grenztafeln des Landkreises Main-Spessart. Das Wirtshaus im Spessart – bekannt geworden durch Wilhelm Hauffs gleichnamigen Roman und vor allem durch dessen Verfilmung – ist verschwunden. Es musste der Autobahn bei Rohrbrunn weichen. Geblieben ist der Wald.

Schon in der ältesten Urkunde, die über den Spessart ausgestellt wurde, wird dieser als Waldland bezeichnet. Ein Diplom Kaiser Ludwigs des Frommen aus dem Jahre 839 spricht von „foresto nostro, vocabulo Spehteshart", unser Wald, genannt Spechtswald. Mit ihm ging ein Teil des Königsforstes, der der Spessart ursprünglich war, etwa gegenüber Marktheidenfeld, in den Besitz des Klosters Fulda über.

Auch im Nibelungenlied ist vom Spehtsharte die Rede, in den angeblich Hagen den Wein für eine Jagdgesellschaft gesandt hatte. Damit ist das Wort Spessart erklärt; es bedeutete ursprünglich Spechtswald (hart = Wald). Der Specht ist auch heute noch im Wald der charakteristische Vogel.

## ■ Die Landschaft

Der Spessart ist ein Waldgebirge. Er wird umflossen und damit begrenzt vom Main im so genannten Mainviereck, an dessen Ecken die Städte Gemünden, Wertheim, Miltenberg und Aschaffenburg liegen.

Gegen Norden begrenzen ihn noch die Kinzig im Westen und die Sinn im Osten. Die höchste Erhebung, der Geiersberg oder der Breitsol, 586 Meter hoch, liegt etwa in der Mitte des Vierecks. Die übrigen Berge erreichen Höhen von 400 bis 500 Meter. Sie sind leicht zu besteigen, bieten aber keine Aussicht, da die Gipfel mit Wald bedeckt sind (außer Geißhöhe, 580 Meter).

Der Reiz des Spessarts liegt in den Wäldern selbst und in den von Bächlein durchflossenen Tälern. Fährt man mit dem Zug von Lohr nach Aschaffenburg, so durcheilt man zunächst ein stilles Waldtal, gelangt aber schließlich in eine völlig andere Landschaft innerhalb des Mainvierecks. Zwar sind die Berge nicht verschwunden, aber der Wald tritt sehr stark zurück; es erscheinen fruchtbare Felder und Wiesen, und da und dort sieht man jetzt auch einmal ein Dorf. Die Landschaft ist heller, offener geworden. Man ist im Vorspessart angelangt.

■ **Geologie des Spessarts**

Der Wechsel beruht auf einer vollständigen geologischen Veränderung des Untergrunds. Der Vorspessart war ein Teil des Hochgebirgszuges des Erdaltertums, der, im französischen Zentralplateau beginnend, in nordöstlicher Richtung durch Deutschland zog und ins Erzgebirge und die Sudeten nach Südosten umbog. Dieses so genannte varistische Gebirge ist längst abgetragen, aber die Rümpfe der ehemaligen Berge bilden jetzt diesen Teil des Spessarts. Die höchste Erhebung, der Hahnenkamm bei Alzenau, ist immerhin noch 436 Meter hoch.

Anders der waldreiche Hoch- und Nordspessart. Er ist, geologisch gesprochen, viele Millionen Jahre jünger. Sein Gestein ist ein mehr oder weniger roter, gelblicher oder weißer Sandstein, grob- oder feinkörnig, der, in Steinbrüchen gebrochen, auch als Baustein verwendet wurde. Diese etwa 650 Meter mächtige Gesteinsfolge der Sandsteinschichten ist die unterste Epoche der Triasformation, der Buntsandstein, etwa 200 Millionen Jahre alt. Ursprünglich war der Sandstein, natürlich als Sand, bei einem heißen Wüstenklima in einem sich senkenden Becken ebenflächig über das kristalline Grundgebirge abgelagert. Aber Flüsschen und Bäche, die dem Main zueilen, haben tiefe Täler in die Sandsteinplatte hineingefressen (erodiert). So entstanden die Spessartberge, genauer gesagt lang gestreckte Bergrücken. Der Spessart ist ein Erosionsgebirge.

Der Buntsandsteinboden ist ein guter Waldboden. Der Spessartwald wurde berühmt durch seine Alteichenbestände (Traubeneiche). Die Bäume, die heute gefällt werden, wurden im Dreißigjährigen Krieg gesät. Sie lie-

**Wappen des Landkreises Main-Spessart.**
*Foto: Landratsamt Main-Spessart*

Bache mit Frischlingen.
*Foto: MSP-Informationszentrale für Touristik*

Schäfer im Spessart.
*Foto: MSP-Informationszentrale für Touristik*

fern bestes Furnierholz, da sie auf trockenem Boden sehr feine Jahresringe gebildet haben. Die mächtigsten Stämme stehen im Naturschutzgebiet Rohrbrunn. Zu den Eichen gesellte sich die Buche. Sie ist für das astreine Wachstum der Furniereichen geradezu nötig.

Der Wald, finanziell noch immer interessant, ist aber nicht nur als Holzfabrik zu betrachten. Er hat noch viele andere Funktionen. Er ist vor allem auch ein Erholungsgebiet. Viele gut markierte Wanderwege durchziehen ihn. Damit der Wald in seinem jetzigen Zustand erhalten bleibt und nicht durch Wochenendhäuser und ähnliche menschliche Eingriffe zersiedelt wird, wurde er zum „Naturpark Spessart" erklärt.

## Das Spessart-Wanderlied

Weißt du, wo die Eichen trotzig ragen,
wo das Bächlein munter talwärts fließt,
wo die Buchen grüne Schirme tragen,
wo vom Berghang Heidekraut und Ginster blüht!
Da wohnt stiller Friede, da blüht heimlich Glück!
Komm einmal zum Spessart, kehrst bald dahin zurück!

Refrain:
So lasst uns froh durch Spessartwälder ziehen,
an frischer Quelle halten gute Rast!
Wenn sel'ge Wanderfreuden uns erblühen,
dann schwindet Alltags Müh und Last und Hast.

Weißt du, wo die Rehlein friedlich grasen,
wo der Hirsch die stolze Krone trägt,
und die Wildsau hörst du zornig blasen,
und der bunte Specht die Waldestrommel schlägt!
Da spielen die Märchen, da webt Geistersang,
da lockt aus den Büschen uralter Waldhornklang.
So lasst uns …

Weißt du, wo im schönsten Wiesengrunde
winkt das Dörflein traut im Abendschein!
Lasst zusammenhalten uns im Bunde,
Spessartvolk und Wanderer treu und einig sein!
Du Mann aus dem Spessart, hier nimm meine Hand!
Gott schütze deine Heimat, die Leute und das Land!
So lasst uns …

*(Text und Melodie von Georg Keimel)*

## Die Besiedelung

Der Spessart war ursprünglich nur am Rand besiedelt, wie einige keltische Fliehburgen beweisen. Zur Zeit der Karolinger war er Königsforst, gelangte aber durch Schenkungen immer mehr in die Hände der Erzbischöfe und späteren Kurfürsten von Mainz. Diese benutzten ihn als Jagdgebiet. Sie verboten wegen des Wildschutzes nicht nur die Besiedlung des Hochspessarts, sondern auch dessen forstliche Nutzung. Damit man die Geräte für die Jagd nicht immer den weiten Weg von Mainz herbeischaffen musste, legten sie drei Jagdschlösser im Inneren des Waldes an: Rohrbrunn, Rothenbuch und Wiesen. Nur aus den beiden letzten wurden Dörfer; die Schlösser stehen heute noch. So ist der Hochspessart dünn besiedelt geblieben, aber der Wald wurde bis auf unsere Tage erhalten. Lediglich im Norden trat eine Änderung ein. Dieser Teil des Spessarts war für die Mainzer Jagdgesellschaft doch etwas zu abgelegen. Um aber aus ihm trotzdem Nutzen zu ziehen, riefen die Kurfürsten Glasmacher aus Tirol und Frankreich ins Land. Es entstanden aus ursprünglich „fliegenden Glashütten" Glasmacherdörfer. Gleichzeitig wurde der Wald verwüstet, da man aus Holz durch Verbrennung die Pottasche zur Glasbereitung herstellte und Holz zum Heizen der Schmelzöfen benötigte. Als die Glasherstellung zum Erliegen kam, wurde der Wald wieder aufgeforstet, aber jetzt mit dem raschwüchsigen Nadelholz. Heute ist der Nordspessart, also nördlich der Linie Lohr–Aschaffenburg, zu zwei Dritteln mit Nadelwald bedeckt.

Das Schloss Rothenbuch inmitten des Hochspessarts wurde früher als Jagdschloss genutzt. Heute beherbergt es ein Hotel.
Foto: Schlosshotel Rothenbuch

## Kirchengeschichte

Außer Mainz hatten am Spessart noch einige adelige Familien Besitz, am Ostrand die Grafen von Rieneck, Hanau und Wertheim bzw. Löwenstein-Wertheim. Diese traten in der Reformation zur Lehre Luthers über und führten sie in ihren Ortschaften durch. Die Grafen von Rieneck mit Stammsitz in Rieneck an der Sinn und Lohr a. Main als Residenzstadt starben bereits 1559 aus. Die Grafschaft fiel an Mainz; ihre Bewohner wurden allmählich zur Lehre ihrer Väter zurückgeführt. Lohr war nur sechzig Jahre lang evangelisch. Ausgenommen war Eschau, das an die Grafen von Erbach fiel. Da die Ha-

# DER SPESSART

Blick von der neuen Mainbrücke auf Gemünden – die Stadt liegt an den Flüssen Main, Sinn und Fränkische Saale.
Foto: Horst Rodius

nauer Grafen erst 1736 ihr Geschlecht beschlossen, blieben der hanauische Teil von Partenstein und das Dorf Lohrhaupten, das später an Hessen fiel, evangelisch. Die Familie der Grafen und Fürsten von Löwenstein-Wertheim-Freudenberg blüht heute noch, so dass es in der Grafschaft (Südost-Ecke des Spessarts) eine ganze Anzahl evangelischer Orte gibt. Kreuzwertheim war sogar einmal Sitz des Dekanates. Die Grafschaft unterstand nicht dem Siedlungsverbot von Mainz.

### ■ Das Maintal

Zum Spessart gehört mit dem Maintal noch eine dritte Landschaft – umfließt ihn doch der Main in einem großen Viereck an drei Seiten. Er ist zwar nicht mehr das sausende Wasser früherer Zeiten, aber sein Tal kann sich mit vielen deutschen Flusstälern messen. Talkessel wechseln mit Engstellen ab; die Uferhänge sind nur mäßig steil; der Wald zieht sich oft bis zum Fluss herab. Schmucke Dörfer mit Fachwerkhäusern und vielfach noch mittelalterlichem Gepräge, umgeben von Obstbäumen, liegen sich oft an den Ufern des Mains gegenüber. Bei Homburg und Klingenberg wächst an den Hängen ein guter Wein.

Das Maintal war schon seit Urzeiten besiedelt, da der Main ein guter Verkehrsweg war. Er ist es auch heute noch. Einst bildete er zwischen Miltenberg und Aschaffenburg die Grenze zum römischen Reich. Hier konnten sich einige Orte zu Städten entwickeln.

Von den Höhen grüßen Burgruinen herab, im Tal selbst steht manch schönes Schloss. Aber auch die Industrie hat sich da und dort angesiedelt, sehr zum Nutzen der Spessarter, aber kaum die Landschaft störend. Natürlich sind an erster Stelle die Holzindustrie und verwandte Betriebe zu nennen. Dazu kommt als weitere Einnahmequelle der Fremdenverkehr. Durch die Autobahn Würzburg-Frankfurt, die den Spessart diagonal durchschneidet, kann der Wald von diesen Ballungsgebieten leicht erreicht werden und als Erholungsraum dienen. Wirtschaftlicher Fortschritt ist überall zu sehen, aber die Tradition bleibt trotzdem gewahrt.

KURT GLÄSSEL (†)

# Die Rhön

> *Die Rhön ist ein steinreiches Gebirge. Bitte verstehen Sie das nicht falsch! Es bedeutet, dass sie reich an Gesteinsarten ist: Basalt, Phonolith, Dolomit, Schwerspat, Buntsandstein, Muschelkalk und Keuper sind hier zu finden.*

Der Name „Rhön" ist altgermanischen Ursprungs. Wie im isländischen hraun (gesprochen röjn) bedeutet er soviel wie Lavafeld, steiniges Land, Felsgebiet. Man hat den Namen auch vom keltischen „Ronaha", das bedeutet Urwald, abgeleitet. Doch wer je einen Isländer das Wort „Röhn" vor einer dortigen Rhönlandschaft hat aussprechen hören, wird eher der ersten Deutung zuneigen.

Auch mit den keltischen Worten „Roin" (Stein) und „Ron" (Urwald) wird der Name oft in Zusammenhang gebracht. Häufig wird er ganz einfach als „die Rauhe" gedeutet. In überlieferten Sprüchen wird versucht, dieser Deutung beizupflichten: „Nix, nox, nux, nebulae sunt optima numera Rhoenae", d.h.: „Schnee, Nacht, Nüsse, Nebel sind die besten Gaben der Rhön." Oder: „Nix, nox, nebulae sunt tristra signa Rhoenae", d.h.: „Schnee, Düsternis, Nebel – das sind die traurigen Zeichen der Rhön."

Doch das ist lästerlich geredet! Wer an einem lichten Sommertag auf der Rhön gewandert ist und sich an der Abendkühle erfrischt hat, wer auf Bergeshöhen staunend ein Gewitter im Grunde sich austoben sah, wer auf das Nebelmeer im Tale wogend blickte und sich droben in strahlender Wintersonne ergötzte, kann ermessen, inwieweit diese Sprüche gelten mögen.

Durch die Wiedervereinigung wurde die Rhön im Dreiländereck Bayern, Hessen und Thüringen wieder zur Mitte Deutschlands. Im März 1991 erkannte die UNESCO die Rhön als Biosphärenreservat an, um Schutz, Pflege und Entwicklung dieser außergewöhnlichen Mittelgebirgslandschaft zu sichern. Die Rhön ist somit in das

# DIE RHÖN

weltweite Netz von derzeit 411 Biosphärenreservaten eingebunden.

Der Naturpark und Biosphärenreservat Bayer. Rhön e. V. betreibt ein breites Netz der Information und Umweltbildung. So gibt es für das große Naturschutzgebiet Lange Rhön in Oberelsbach das „Haus der Langen Rhön" und am Fuß des Naturschutzgebietes Schwarzen Berge in Oberbach das Informationszentrum Rhön. Es ist Ausgangspunkt für Wanderungen, Informationsstelle für Gäste und organisiert zu aktuellen Umweltthemen Ausstellungen und Seminare.

### ■ Zur Erdgeschichte

Geologisch gesprochen lagerten sich vor 260 Millionen Jahren – am Beginn der Zechsteinzeit – im Germanischen Becken am Meeresboden sehr unterschiedliche mächtige Bildungen aus Stein- und Kalisalz, Anhydrit, Gips, Kalkstein, Dolomit und Tonstein ab.

Vor etwa 245 Millionen Jahren – zu Beginn des Erdmittelalters – zog sich das Meer nach Norden zurück. In den weitverzweigten Flusssystemen lagerten sich Sande und Tone ab, die bis heute in bis zu etwa 700 Meter mächtigen Abfolgen vorliegen.

In der Muschelkalkzeit vor etwa 235 Millionen Jahren kehrte das Meer zurück. In einem meist flachen Binnenmeer wurden bis zu 250 Meter Kalk-, Ton- und Mergelsteine sowie Dolomite abgelagert.

Für die lange Zeit des Jura und der Kreide sind in der Rhön fast keine Spuren zu finden. Erst im Alttertiär – beginnend vor rund 65

Basaltformationen wie hier im Bild sind typische Erscheinungsbilder in der Rhön. Das erkaltete vulkanische Gestein ist von Bedeutung für Bodenbildung, Pflanzenwuchs und die Entstehung von Mineralien.
*Foto: Tourist Infozentrum Rhön*

## Das Rhön-Lied

Ich weiß basaltene Bergeshöh'n
Im Herzen der deutschen Gau'n,
Nicht riesenhoch, doch bezaubernd schön,
Möchte immer und immer sie schau'n!
Und kennst du die herrlichen Berge nicht,
Gehorche dem Freunde, der zu dir spricht:

Refrain:
Zieh an die Wanderschuh,
Und nimm den Rucksack auf,
Und wirf die Sorgen ab,
Marschier zur Rhön hinauf!

Auf hohen Matten den Sonnenschein
Die kühlenden Lüfte umwehn,
Und frei der Blick in die Welt hinein,
Wie wonnig, da droben zu gehn!
Und kennst du die herrlichen Matten nicht,
Gehorche dem Freunde, der zu dir spricht:

Zieh an die Wanderschuh …

Ich weiß wohl Bächlein fließen klar
Durch Wälder und Wiesenflor,
Da springt so keck die Forellenschar
Zur Freude der Angler empor!
Und kennst du die Rhönforelle nicht,
Gehorche dem Freunde, der zu dir spricht:

Zieh an die Wanderschuh …

Ich könnte viel noch erzählen dir
Und singen von Berg und von Tal,
Doch nein, viel Worte erspar' ich mir
Und frage nur eins noch einmal:
Ja, kennst du die herrliche Rhön noch nicht,
Gehorche dem Freunde, der zu dir spricht:

Zieh an die Wanderschuh …

*(Andreas Fack)*

Das 1912 von Andreas Fack geschriebene Rhön-Lied wird bis heute gern gesungen.

Millionen Jahren – werden wieder Sedimente abgelagert.

Der Vulkanismus leitet für die Rhön entscheidende Veränderungen ein. Der Höhepunkt findet sich im Miozän vor etwa 24 Millionen Jahren im Basalt und Phonolitvulkanismus. Heutige Funde (Lavabomben, Ascheregen usw.) zeugen von dem aktiven Rhönvulkanismus. Ungefähr 350 Vulkane haben die Rhön begleitet und Gesteinsschmelzen an die damalige Landoberfläche aufsteigen lassen.

Genauso aufschlussreich wie die Vorgänge beim Ausbruch der Rhönvulkane sind die Erscheinungen, die bei ihrem Erkalten auftreten. Basalte bilden dabei regelmäßige, vieleckige Säulen, die älteren Phonolite aber grobschichtige Bänke. Eine Analyse des Basaltes vom Holzberg bei Bischofsheim, aus dem sich vorzugsweise die Rhön aufbaut, ergibt folgende Bestandteile: Kieselsäure, Magnesia, Kalk, Tonerde, Eisen- und Manganoxyde, Natron, Phosphor- und Schwefelsäure.

Diese Zusammensetzung des Gesteins ist nicht nur bedeutsam für Bodenbildung und Pflanzenwuchs, sondern auch für die Entstehung von Mineralien. Zu ihrer Ausbildung trugen vor allem Sickerwässer bei, die in den Spalten in die Tiefe drangen. Sie wurden dort erhitzt, zersetzten dann umso leichter das vulkanische Gestein, trugen die lösbaren Bestandteile an die Oberfläche und lagerten sie dort an den Quellen ab. Die Mineralquellen von Kissingen, Neustadt, Brückenau und Bocklet fließen noch heute. Ihre Wässer kommen aus Tiefen bis über 900 Meter.

Das Rote Moor ist ein wertvolles Biotop.
*Foto: Tourist Infozentrum Rhön*

Millionen Jahre nach dem letzten Vulkanausbruch begann eine unglaubliche Abtragung – besonders in dem vom Wechsel der Warm- und Kaltzeiten geprägten Eiszeitalter vor 2,4 Millionen Jahren bis vor 10 000 Jahren. Die heutigen Kuppen der Vorder- und Kuppenrhön haben erst durch die Erosion das Licht der Welt erblickt. Das Hochplateau der Langen Rhön trotzt der Erosion, gepanzert von ineinander geflossenen Basaltströmen zahlloser Vulkanschlote.

Zahlreiche gut erhaltene Überreste aus dem Tertiär zeugen von einem subtropischen bis tropischen Klima mit einer üppigen Vegetation: Immergrüne Eichen, Palmen, Gummibäume, Myrten, Zimtbäume, Eukalypten, Akazien, Walnuss- und Nadelbäume bildeten dort dichte Wälder. In den Sümpfen lebten Krokodile, Krebse und anderes Wassergetier. Es mag ein Klima im Rhöngebiet geherrscht haben wie etwa heute in Mittelamerika und den Bengalen.

Im ausgehenden Tertiär lebten in einer gemäßigt warmen Landschaft Vorläufer der Elefanten (Mastodonten). Von 1958 bis 1978 wurden nahe der „Lottenmühle" bei Kaltensundheim Skelette einer oberpliozänen Mastodontenart ausgegraben. Da sie vollständig erhalten waren, machten diese Funde weltweit Schlagzeilen.

Die luftigen Höhenzüge der Rhön bieten sowohl Ballonfahrern wie auch Paraglidern und Drachenfliegern eine Fülle an Möglichkeiten, ihren Sport auszuüben.
Foto: Tourist Infozentrum Rhön

■ **Frühgeschichte und politische Zugehörigkeit**

Seit 1979 sind auch aus dem Fuldaer Land bei Großenbach Artefakte (Steingeräte) der ältesten Vertreter der Menschheit (Homo erectus) bekannt geworden, die auf etwa 800 000 Jahre und noch älter geschätzt werden (Kreisgeschichtliches Museum in Hünfeld). Auch von dem bekanntesten Urmenschen, dem Neandertaler, der bis vor 40 000 Jahren lebte, finden wir in der Rhön Zeugnisse (Heimatmuseum in Poppenlauer bei Münnerstadt).

Eine zögerliche Besiedlung des Berglandes setzte erst in der Jungsteinzeit ein. 3000 v. Chr. wagten sich viehzüchtende Schnurkeramiker bis zur Milseburg vor, wichtige Siedlungsräume lagen bei Münnerstadt, Bad Neustadt, Fulda und Hammelburg.

# DIE RHÖN

Bei Fulda und um Hammelburg verweisen Bodenfunde in die Hallstadt- und Urnenfelderzeit von 1000 bis 500 v. Chr. In die darauffolgende La-Tène-Zeit, 500 v. Chr. bis 200 n. Chr., gehören die Ringwälle und Fliehburgen auf markanten Rhönbergen (Mettermich bei Brückenau). Tacitus berichtete von einer Schlacht zwischen den Chatten (Hessen) und den Hermunduren (Thüringer) im Jahre 58 n. Chr., in der es um die salzhaltigen Quellen der Fränkischen Saale ging.

Nachrichten über die Rhön setzten erst wieder mit der Christianisierung durch die irischen Glaubensbrüder Kilian, Kolonat und Totnan ein. 744 gründete Sturmius, ein Schüler des hl. Bonifatius, das Kloster Fulda und drang von dort aus in die Rhön vor. Das Rhöngebiet gehörte zu den Gauen Grabfeld und Saalegau im Herzogtum Ostfranken.

Mit dem 11. Jahrhundert ging die Gauverfassung zu Ende. Bischöfe von Würzburg und Äbte von Fulda regierten nun mit mehreren adligen Geschlechtern: im nördlichen Teil die Grafen von Henneberg, im Süden die von Rieneck; dazu zählten noch die Freiherren von Thüngen und die Herren von der Tann.

Die Reformation fand durch Vermittlung der Reichsritterschaft in der Rhön bald Eingang. Eberhard von der Tann war ein persönlicher Freund Luthers. In Fulda wirkten zwei Schüler Luthers, und zeitweise hielt sich auch Melanchthon dort auf. Im Bauernkrieg standen große Haufen der aufständischen Bauern im Saaletal.

Die Gegenreformation wurde in der Rhön hauptsächlich vom Fürstbischof Julius Echter und dem Fuldaer Fürstabt Balthasar vorangetrieben. Im Dreißigjährigen Krieg hatte das Rhöner Land

Die Heuernte in der Rhön war früher eine Knochenarbeit. Heute wird mit der Sense nur noch selten gemäht.
*Foto: Tourist Infozentrum Rhön*

durch Brandschatzung, Plünderung, Verwüstung und Seuchen schwer zu leiden.

Zu Ende des 17. und Anfang des 18. Jahrhunderts setzte unter Fürstabt Adalbert von Schleifras eine rege Bautätigkeit ein. Unter ihm wurde die alte Basilika von Fulda abgerissen und der heutige Dom errichtet. Unter Fürstabt Adolf von Dalberg wurde das Kellereischloss (Rotes Schloss) in Hammelburg erbaut. Amand von Buseck gründete 1747 das Bad in Brückenau.

1810 kamen Fulda, Brückenau und Hammelburg zum Großherzogtum Frankfurt am Main. 1814 trat Bayern das Erbe an, doch zeigten sich die Spannungen zwischen Nord und Süd in den Gefechten von Bronnzell 1850 und Kissingen 1866.

Die Rhön ist nun zerrissen. Hessisch, Bayrisch und Thüringisch wird sie jetzt genannt. Bergkämme sind zu Grenzen geworden. Kraft und Gemeinschaftsgeist der Rhöner lassen dieses Land als Ganzes erfassen – trotz allem.

■ **Pflanzen und Tierwelt**

Die Moore der Rhön geben uns Einblick in die Vegetationsentwicklung der letzen 10 000 Jahre. Erst lange nach der letzten Eiszeit wanderte die Rotbuche vor etwa 5000 Jahren in die Rhön ein.

Bonifatius, der 744 das Kloster Fulda gründete, charakterisierte das Land 751 in einem Brief an Papst Zacharias so: „Es ist ein Waldgebiet in einer Einöde von großer Weltverlassenheit – mitten zwischen den Völkern …"

Der Wald wird durch Bergbau, Landwirtschaft, Holzkohleherstellung und Glashütten vor allem im 8. und 9. Jahrhundert sowie im 16. und 17. Jahrhundert stark reduziert. Die Landwirtschaft spielte hierbei eine besondere Rolle. Die Rhön ist heute eine Charakterlandschaft aus Bauernhand, eine Schatzkammer und ein Rückzugsgebiet.

In Deutschland einzigartig sind die großflächigen Borstgrasrasen, völlig ungedüngte, nährstoff- und kalkfreie Standorte der Basaltgebiete. Arnika, Kreuzblümchen, Waldläusekraut, Pechnelke und Großer Perlmutterfalter haben sich hier ideal angepasst.

Auf den durch Rodung entstandenen Bergwiesen mit Waldstorch-

Im Hof des Schlosses Saaleck steht diese alte Weinkelter.
Foto: Robert Rüster

schnabel und Weicher Pippau brüten seltene Vogelarten wie Birkhuhn, Wachtelkönig und Wiesenpiper.

Auch die in der Rhön weit verbreiteten Kalkmagerrasen sind durch menschliche Eingriffe – vor allem über Schafbeweidung – entstanden. Sie bieten lichtbedürftigen, anspruchslosen Pflanzen und zahllosen Insekten einen wichtigen Lebensraum: Fransenenzian, Bienen-Ragwurz, einknollige Honigorchis, Silberdistel, die rotflügelige Schnarrschrecke und der Neuntöter sind nur ein kleiner Auszug aus diesem Schatz.

Typische Rhöner Biotope sind auch die Kalkniedermoore, die sich an Hängen und kalkreichen Quellen entwickelten. Bekannter sind die Rhöner Hochmoore, so ist das 10 000 Jahre alte Schwarze Moor (etwa 70 Hektar) eines der letzten fast unberührten Hochmoore in Mittelgebirgen.

Perlen der Rhön sind die urwüchsigen Laubwaldgebiete. Wegen ihrer bundes- und europaweiten Bedeutung wurden die arten- und strukturreichen Hang- und Blockschuttwälder auf Basaluntergrund in die Kernzonen des Biosphärenreservates Rhön aufgenommen.

Buche, Basalt und Zwiebelzahnwurz sind für Bayern ziemlich einmalig. In Naturwaldreservaten wie am Lösershag in den Schwarzen Bergen bei Oberbach finden wir ein Stück Rhöner Urtümlichkeit – den Urwald von morgen.

Viele Vogelarten (wie Rotmilan, Gartenrotschwanz, Hohltaube) und seltene Pilze (ästiger Stachelbart), Schnecken (Rhöner Quellschnecke), Pflanzen (Schuppenwurz, Aronstab, Märzenbecher, Seidelbast, Türkenbund-Lilie, Bärlauch) und eine eigene Insektenwelt spiegeln den Reichtum der Natur.

In den Baumkronen wächst die Mistel. In schattigen Laubwäldern gedeiht die giftige Einbeere, eine Gattung der Liliengewächse, und an sonnigen Hängen reift die gefährliche Tollkirsche. Allen Rhönwanderern bekannt sind Silber- und Golddistel. Der nur noch sehr selten vorkommende Enzian wurde gesetzlich geschützt.

In der Rhön findet eine reichhaltige Flora und Fauna ihren Lebensraum.
*Foto: Tourist Infozentrum Rhön*

# DIE RHÖN

## ■ Zum Landschaftsbild

In fesselndem Gegensatz zum einförmigen Relief des Fränkischen Rhönvorlandes steht die abwechslungsreiche Kuppenrhön, die uns am eindrucksvollsten einen Rundblick von der Wasserkuppe erschließt. Im Westen und Norden streben schlanke, hohe Basaltberge auf: der spitze Kegel des Wachtküppels, die Dome der Auersberge und rundliche Kuppen wie Dreistelz, Eierhauk, Dietrichsberg, Stellberg und das „hessische Kegelspiel" um den Soisberg.

Phonolithberge wiederum bilden meist schroffe Klippen und Felswände, wie Steinwand, Dalherdaer Kuppe und vor allem die mächtige „Totenlade" der Milseburg.

Gleich der Hochrhön sind auch die höheren Berggipfel der Kuppenrhön meist barhäuptig und haben eine „Weideglatze", die lediglich von einem „Waldkragen" umgeben ist. Andere Basaltberge tragen als Krone einen kleinen Buchenwaldschopf über einem breiten Weidemantel, oder sie zeigen wenigstens an einer Stelle eine lange Waldschleppe.

## ■ Die „Rhöner Leut"

Die Bewohner der Rhön sind ein genügsames, in Sprache, Sitten und Anschauungen ursprüngliches Volk, das zäh am Althergebrachten hält. Rhiel, der um 1850 die deutschen Landschaften be-

Die Höhen der Rhön bieten Schafen gute Nahrung.
Foto: Tourist Infozentrum Rhön

schrieb, rühmte die fröhliche Zufriedenheit der Bewohner des „Landes der armen Leute", wie er die Rhön nennt, die trotz ihrer harten Arbeit auf dem kargen Boden besser zu leben verstünden als die reichen Bauern in den fruchtbaren Ebenen.

Zum Erwerb diente dem Rhöner früher hauptsächlich die Landwirtschaft: in den Tälern der Getreideanbau, in höheren Lagen der Kartoffel- und Flachsanbau, dazu die Viehzucht. Weberei und Holzbearbeitung sind schon lange Erwerbszweige. Zu diesen kamen in neuerer Zeit Korkschneiderei und Zigarrenfabrikation, Elektroindustrie und Kleiderherstellung. Eine ganz wesentliche Rolle spielt die Basaltindustrie. Aus Basaltsplit und Zement entstehen Randsteine, Platten, Rohre, Dachziegel und Leitsteine.

In etlichen Gemeinden hat die Holzschnitzerei wieder einen starken Aufschwung genommen.

# DIE RHÖN

Die „Rhöner Leut" schätzen Geselligkeit.
Foto: Tourist Infozentrum Rhön

Bekannt ist die Musikliebe der Rhönbewohner. Aus Brückenau stammte der 1831 geborene August Kömpel, Lieblingsschüler Louis Spohrs, später Professor am Gewandhaus in Leipzig und Hofkonzertmeister in Weimar. Oberelsbach rühmt sich, der Geburtsort des hervorragenden Orgelkomponisten Valentin Rathgeber zu sein. Rhöner Musikanten unternahmen Konzertreisen nach Holland, Frankreich, England und Russland, sie spielten in Bad Brückenau vor König Ludwig I. von Bayern, einzelne konzertierten sogar im fernen Amerika.

■ **Die Rhön –
Region der Zukunft**

Das Biosphärenreservat Rhön erhielt im Jahre 2000 die Auszeichnung „Region der Zukunft". Ausschlaggebend waren innovative Projekte zum Realisieren einer nachhaltigen Entwicklung und die für Biosphärenreservate beispielgebende Zusammenarbeit dreier Bundesländer.

Besondere Nutzungskonzepte in der Landwirtschaft für Mensch und Natur, regionale Spitzenprodukte und Direktvermarktung, sanfter Tourismus, flächendeckender Naturschutz, wissenschaftliche Forschung und eine breite Umweltbildung kennzeichnen heute die Rhön.

Die Rhön ist auch Modellregion für den Einsatz nachwachsender Energieträger wie Rapsöl, Holz und Biogas. Dafür genießt sie internationale Anerkennung.

EUGEN WEISS, *Kreisheimatpfleger, überarbeitet von* STEFFEN TABEL *und* DIPL. ING. CLAUS SCHENK

*Naturpark und Biosphärenreservat Bayer. Rhön e.V.
Haus der Schwarzen Berge,
Rhönstraße 97,
97772 Wildflecken-Oberbach,
Tel. (0 97 49) 91 22-0*

*Haus der Langen Rhön,
Unterelsbacherstr. 4,
97656 Oberelsbach,
Tel. (0 97 74) 91 02-60*

*Groenhoff Haus Wasserkuppe,
36129 Gersfeld,
Tel. (0 66 54) 96 12-0*

# Schlaglicht der Kirchengeschichte

*Johann Conrad von Ulm (1519 bis 1600) – oder kurz: Ulmer – ist als evangelischer Theologe und Reformator in die Geschichte eingegangen.*

Im Jahre 1543 hatte sich Graf Philipp III. von Rieneck (im heutigen Unterfranken) entschlossen, sein Territorium der Reformation zu öffnen. Er wandte sich deshalb an Wittenberg mit der Bitte um einen geeigneten Theologen. Luthers bzw. Melanchthons Wahl fiel auf Ulmer. Im November 1543 zum Pfarrer ordiniert, traf er Ende 1543 in Lohr, der Residenz des Grafen, ein.

Dort erwartete den nicht einmal 25-jährigen zukünftigen Hofprediger die schwierige Aufgabe der Reformation. Im Einvernehmen mit dem Grafen sorgte er für die Besetzung der Pfarrstellen, leitete die regelmäßig stattfindenden Pfarrkonvente, verfasste eine eigene (nicht mehr erhaltene, aber in Teilen rekonstruierbare) Kirchenordnung und sorgte sich um die Heranbildung der Jugend.

1559 starb Graf Philipp III. Da er keine leiblichen Erben hinterließ, kam die Grafschaft zum größten Teil als heimgefallenes Lehen an das Erzstift Mainz. Sie blieb jedoch noch für einige Jahrzehnte evangelisch – Ulmer konnte also weiterhin seiner Tätigkeit nachgehen. Erst 1566 verließ er die ehemalige Grafschaft, einem Ruf seiner Heimatstadt folgend.

Welcher Gestalt waren die Beziehungen von Ulmer zum Grafen Philipp III. von Rieneck? Aufschluss darüber gibt ein Text Ulmers aus dem Jahre 1574.

# ULMER UND GRAF PHILIPP III.

Die Burg Rieneck über dem Sinn-Tal wird heute als Tagungsstätte des Verbandes Christlicher Pfadfinderinnen und Pfadfinder genutzt.
Foto: Johannes Müller

## ■ Ulmer und seine Beziehungen zum Grafen Philipp III. von Rieneck

Ulmer hat bekanntlich ein Werk des Bischofs Theodoret (5. Jh.) aus dem Griechischen ins Deutsche übersetzt und dieses Werk der verwitweten Gräfin Margarethe von Rieneck gewidmet; dies war im Jahre 1574. Im Vorwort begründet und rechtfertigt er diese Widmung; dabei kommt er auch ausführlich auf die Verdienste ihres Mannes, des Grafen Philipp III. von Rieneck, zu sprechen. Besonders geht er auf zwei Ereignisse ein, die miteinander zusammenhängen und zum besseren Verständnis des folgendes Textauszuges einer kurzen Klärung bedürfen:

Zum einen ist es der Schmalkaldische Krieg (1546/47); 1531 haben sich die evangelischen Stände zum so genannten Schmalkaldischen Bund zusammengeschlossen, darunter auch der Graf von Rieneck. Nach anfänglichen Erfolgen spitzte sich die Lage zu und es kam zur militärischen Auseinandersetzung, in der der Kaiser siegte.

Bei dem zweiten Ereignis handelte es sich um das so genannte „Interim", das 1548 auf dem Reichstag zu Augsburg angenommen wurde: Ziel des Kaisers war es, damit die alte Kirche wieder herzustellen. Nur zwei Zugeständnisse machte man den Protestanten: Das Abendmahl unter beiderlei Gestalt und die Priesterehe. Diese „Zwischenlösung" – dies bedeutet das Wort „Interim" – sollte bis zum nächsten Konzil gelten. Damit war das protestantische Lager in höchste Gefahr geraten und zudem noch uneins in der Haltung zu diesem „Interim"; es gab erbitterten Widerstand – so die Grafschaft Rieneck und die Stadt Magdeburg – bis hin zu einer nur scheinbaren Akzeptanz. Der Kaiser wollte besonders gegen Magdeburg vorgehen und forderte von den Territorialherren Geldsummen; doch die Belagerung dieser Stadt 1550/51 war ohne Erfolg.

Nach diesen Vorbemerkungen kommen wir nun zu dem Textauszug von Ulmer (in ein leicht geglättetes Deutsch gebracht):

„Ich kann den geliebten Gemeinden in der löblichen Grafschaft kein schöneres und herrlicheres Beispiel reinen Glaubens und standhaften Bekenntnisses vorstellen als den beliebten, teueren Helden, Euerer Gnaden löblichen Herrn. Es ist jedermann wohl bekannt, wie ritterlich sich

Euerer Gnaden teuerer Herr von Anfang an, als er die Kirchen seiner Grafschaft von aller Unreinigkeit hat säubern lassen, bis an sein seliges Ende verhalten hat.

Welche schweren Drohungen und giftigen, tödlichen Hohnstiche er mit starkem Mut verschluckt und überwunden hat, welch große Gefahr er im Schmalkaldischen Krieg, von allen Feinden und Freunden verlassen, unter des Römischen Reiches Acht ausgestanden hat und das giftige Wundertier, das Interim, mitnichten angenommen und auch nicht *einen* Heller gegen die Magdeburger gezahlt hat – dies alles ist nicht auszusprechen, geschweige denn mit kurzen Worten zu beschreiben. Und alles, obwohl er zur selben Zeit wegen seiner Leibesschwachheit fast kein Glied hat regen können. Solch unerschrockenes Löwenherz hat ihm die starke Grundfeste geschenkt, die uns in der Person und in dem heilsamen Amt unseres Herrn Jesus Christus gegeben ist, des Felsens, auf dem den beliebten und seligen Herrn weder der Teufel noch die Pforte der Hölle überwältigt hat. Im Gegenteil – ihm musste endlich auf vielfältige Weise Sieg und Triumph zugestanden werden.

Denn als man ihm zur Versöhnung den Fußfall, eine Geldstrafe und die Anerkennung des Interims im Namen der Röm. Kais. Majestät zugemutet und auferlegt hat, hat er sich zu den ersten beiden Forderungen mit Geduld bereit erklärt, doch seinen Christus, den er erkannt und bekannt hat, hat er mitnichten verleugnen wollen. Und dies alles, obwohl ihm hohe und namhafte Persönlichkeiten damit drohten: Wenn er auf diese Forderungen nicht eingehe, werde er mitsamt den Untertanen für vogelfrei erklärt, wovor er sich auf jeden Fall hüten möge.

Darüber ist er nicht erblasst, auch nicht, als ihn ein Doktor bei

Dominicus Custos: J. C. Ulmer. Kupferstich nach Tobias Stimmer, 1600.
*Reproduktion: Unbekannt*

diesen Verhandlungen ansprach: Er solle doch an sich und die Seinen denken und das Interim unterschreiben; danach brauche er sich nicht an das Interim zu halten, wie es auch andere getan hätten; niemand werde ihn dazu drängen. Nach diesen Worten hat er hoch entrüstet an sein Schwert gegriffen und mit großem Ernst gesagt:

‚Herr Doktor, das sollt Ihr Euere Kinder lehren, was mich mein Vater gelehrt hat: Was ich zusage, das soll ich als ehrlicher und redlicher Graf des Reiches auch halten. Und was Kais. Majest. von solchen Grafen hält, Herr Doktor, das überlegt Euch ein anderes Mal besser!'

So war nun der fromme und teuere Held von aller Menschen Hilfe verlassen, hat sich allein seinem einzigen Heiland verschrieben und nur auf dessen Rat und gnädigen Willen gehofft; zudem wollte man ihm die Geldstrafe nicht erlassen. Siehe, da hat es Gott wunderbar gefügt:

1. In seiner höchsten Leibesschwachheit hat er etliche katholische Dörfer für 15 Jahre (1553 bis 1568) gekauft und in diesen Dörfern das reine Evangelium pflanzen lassen.

2. Er hat sich von seiner schweren Krankheit ziemlich gut erholt.

3. Ohne etwas zu bezahlen, ja ohne etwas davon zu wissen, ist er durch den Passauer Vertrag (1552) aus der Reichsacht herausgenommen worden, in der er über sechs Jahre gelebt hatte.

4. Als er lebenssatt war und, wie er mir oft von Herzen und unter Schmerzen frei bekannt hat, der Praktiken, der Geldgeschäfte und der übermächtigen Treulosigkeit in dieser Welt überdrüssig war, ist er in Christus so selig entschlafen, dass er den Tod in Wirklichkeit weder gesehen noch geschmeckt hat.

5. Unser lieber Gott und Herr hat der verlassenen Grafschaft, die nach seinem Abscheiden (1559) unter eine andere Herrschaft gekommen ist, so große Gnade erwiesen, dass bis auf den heutigen Tag (1574) entgegen der Meinung vieler Menschen Christus, der Herr, rein gepredigt und seine Kirche gnädig erhalten wird."

Soweit der Textauszug.

### ■ Das Lohrer „Trostlied"

Schließlich hat Ulmer in besonderer Weise in einem Lied des Grafen gedacht: Es ist ein „Trostlied" für die damaligen Lohrer, dessen 3. Strophe folgendermaßen lautet: „Graf Philipp, unser seliger Herr, sei uns ein Spiegel klare! Um Christi, seines Herren, Ehr wagt er, sag ich führwahre, Leib, Gut und Blut auch, was er hat. Gotts Wort und Geist ihn halten tat. Tret't ihm frisch nach! Ist euch kein Schmach, wollt ihr zur Himmelsschare."

GÜNTER OPP, *Studiendirektor i. R.*

# Thüngensche Cent

*Die Familie derer v. Thüngen und ihr Herrschaftsgebiet – die heute noch so benannte „Thüngensche Cent" – ist hinsichtlich der Kirchengeschichte unseres Dekanatsbezirkes besonders interessant.*

Das Gebiet hat sich – flächenmäßig zu- und abnehmend – im Verlauf der langen Geschichte immer wieder verändert. Es reichte von Thüngen im Werntal (altfränkisch „Waringowe") im Süden, bis Zeitlofs im Sinntal im Norden und von Büchold und Schwemmelsbach im Osten über Burgsinn und Aura bis in den ganzen Jossgrund im Westen.

Der Begriff „Cent" leitet sich vermutlich ab von lat. „centum", was „hundert" bzw. Hundertschaft bedeutet. Es handelt sich hier um ein Gebiet, in dem hundert stimmberechtigte freie Männer wohnten.

Der zeitliche Rahmen der kirchengeschichtlichen Betrachtung reicht von ungefähr 1100 bis in die Zeit der Gegenreformation. Die politische Selbstständigkeit verlor die Familie erst mit dem Zusammenbruch des alten Kaiserreichs durch Napoleon und endgültig durch den Wiener Kongress.

### ■ Rechtsbeziehung Kaiser und Reichsritterschaft

Kaiser und Reichsritterschaft waren eng verbunden und hatten gemeinsame Interessen daran, dass die Macht der Landesfürsten nicht die Ausschließlichkeit erhielt, die den Kaiser zu einer bloßen Repräsentationsfigur und die Reichsritterschaft zu Untertanen der angrenzenden Landesfürsten hätte werden lassen. Daneben bestand in vielen anderen Fragen eine natürliche Interessengemeinschaft. Die Reichsritterschaft nahm innerhalb der geistlichen Fürstentümer sowieso eine bedeutende Stellung ein und hatte im Laufe der Jahrhunderte ihre selbstständige politische Machtstellung festigen und stärken können.

Die Reichsritterschaft hatte – abgesehen von wenigen Ausnahmen – gegenüber dem Reich die gleichen Rechte und Pflichten wie jeder Reichsstand. Die Reichsritter standen in einer unmittelbaren Beziehung zum Kaiser; in gewisser Weise bestand eine gegenseitige Abhängigkeit. De facto und de jure bildete der gesamte reichsritterschaftliche Güterbesitz und Territorialverband (wie beispielsweise der Ritterkanton Rhön-Werra) ein

Das Torhaus gehört zum Schloss Weißenbach.
*Foto: Michael Wehrwein*

reichsunmittelbares Territorium, rechtlich zusammengehörig und reichsverfassungsgemäß anerkannt. Die einzigartige Stellung und Selbstständigkeit der Reichsritterschaft beruhte auf ihrer Reichsunmittelbarkeit und der Landeshoheit im territorium inclusum mit allen dazugehörigen Regalien (Hoheitsrechten). Der Kanton als Personalverband und der einzelne Ritter erkannten allein im Kaiser ihr Oberhaupt an.

### ■ Der Begriff der Landeshoheit

Landeshoheit bezeichnet die aus verschiedenen Rechten zusammengesetzte Regierungsgewalt im eigenen Territorium, die nicht von einem Landesherrn, sondern unmittelbar vom Kaiser abgeleitet ist. Die Familie Thüngen besaß seit alter Zeit bis zur Auflösung des Heiligen Römischen Reiches Deutscher Nation in ihrem Herrschaftsgebiet die Landeshoheit. Sie musste allerdings bis zum Ende des Alten Reichs immer wieder um diese politische Selbstständigkeit kämpfen, denn sie war stets eingekreist von mächtigeren Nachbarn: im Süden vom Fürstbischof von Würzburg, im Westen vom Kurfürst und Erzkanzler des Reichs in Mainz, im Norden vom Fürstabt von Fulda (dessen Macht allerdings immer mehr abnahm) und im Osten vom Erzfürstbistum Bamberg.

Das Schloss in Weißenbach wurde 1784 von Friedrich Wilhelm I. erbaut. Es ist bis heute Sitz der Familie.
*Stich: Privat*

Verbunden mit dem Begriff der Landeshoheit war die Hoch- und Blutgerichtsbarkeit, die die totbedrohten „vier hohen Fälle" betrafen. Laut Ortsverzeichnis in der Thüngenschen Familiengeschichte betrug der Umfang des Thüngenschen Herrschaftsgebietes 278 Ortsnamen.

### ■ Strafgerichtsbarkeit und Niedergerichtsbarkeit

Die Mittlere Strafgerichtsbarkeit über Frevel und Schändhändel sowie die Niedergerichtsbarkeit waren rundherum im Mainzischen und Würzburgischen Gebiet die entscheidenden Konstituenten der Landeshoheit, so auch im Thüngenschen Hoheitsgebiet. Im Augsburger Religionsfrieden von 1555 wurde durch alle Reichsstände auf Reichsebene der reichsunmittelbare Charakter gleichgestellt und die Immediität anerkannt, das ist das Recht des freien Zugangs zum Kaiser selbst. Dieser Rechtszustand bestand zwar vorher auch, musste aber wegen der gegenreformatorischen Maßnahmen der

# THÜNGENSCHE CENT

Aus der Ehe mit Margaretha v. Hohenberg gingen um 1300 die Söhne Lutz und Andreas hervor. Die beiden Linien existieren bis heute.
Reproduktion: Frank-Michael Rommert

geistlichen Fürsten erneut bestätigt werden. Auch gestand der Augsburger Religionsfriede den Reichsunmittelbaren die Kirchenhoheit zu, ein wichtiges Attribut unserer Territorialherrschaft, die 1559 durch den Kaiser nochmals formal bestätigt wurde. Organisiert war die „reichsfrey ohnmittelbare Ritterschaft Landes zu Francken" in sechs Ritterkantone: Odenwald, Gebürg, Rhön-Wern, Steigerwald, Altmühl und Baunach.

### ■ Vogteiherrschaft (Verwaltungshoheit)

Zum Begriff der unumschränkten Vogteiherrschaft, der wohl am verständlichsten mit dem heutigen Begriff der Verwaltungshoheit umschrieben werden kann, gehören verschiedene grundherrschaftliche und vogteiliche Rechte: Die Niedergerichtsbarkeit, Dorf- und Schultheißengericht, Polizeigewalt, Dorf- und Gemeindeherrschaft, Kirchweihschutz etc., aber auch die landesherrliche Gewalt, die sich im Gesetzgebungsrecht („Gebot und Verbot") ausdrückt. Darin enthalten ist die Erbhuldigung, die jeder Untertan beim Regierungsantritt eines neuen Landesherren zu leisten hat. Die Reichsritterschaft konnte die Huldigung ihrer Untertanen verlangen, ohne selbst einem Landesherren huldigen zu müssen, und war auch darin dem reichsständischen Adel gleichgestellt. Weitere Hoheitsrechte kamen hinzu: Steuerrecht, Wehrhoheit, Marktrecht, Zollregal (ein Regal ist ein wirtschaftlich nutzbares Hoheitsrecht), Geleits- und Befestigungsrecht, Öffnungsrecht, Wildbann, Forsthoheit, Fischereirechte, Floßrechte, Patronat usw.

## ■ Kirchliche Organisation im Thüngenschen Herrschaftsgebiet bis zum 16. Jahrhundert

Die kirchliche Organisation gestaltete sich so: Die Gesamtfamilie war das bestimmende oberste Organ; ihr „Vorsitzender" war der Familienälteste, der Familienbevollmächtigte. Die Gesamtfamilie musste Verfügungen durch Beschluss oder Zustimmung billigen.

Die laufenden Verwaltungsangelegenheiten hingegen wurden nach den hierzu von der Großfamilie herausgegebenen Erlassen in örtlicher Entscheidung durchgeführt. Auch konnte die Weihe der Priester selbstverständlich nur durch die Organe der römisch-katholischen Kirche vorgenommen werden. Beim so genannten „freieigenen Besitz" besaß die Familie das Recht der Collatur (also das Recht zur Verleihung eines Kirchenamtes). Im Folgenden einige Beispiele.

## ■ Burgsinn

Die Pfarrei Burgsinn wird bereits in der Ebracher Handschrift des Michael de Leone von 1292 als „ab antiquo" bestehend erwähnt. 1405 erhielt Wilhelm v. Thüngen von Bischof Johann v. Egloffstein auch den „Kirchensatz der Pfarr zu Burgsinne mit anderen allen Filialen und Töchtern, Lehen und Zehenten, mit allen Rechten und Gewohnheiten und Freiheiten". Zur Ur-Pfarrei Burgsinn für den Feller-, Sinn- und Jossgrund mit allen ihren Ortschaften gehörten damals auch die Siedlung Hemminghausen, zwischen Burgsinn und Rieneck gelegen, die Höfe Trockenbach und Gresselhof, die Wüstung zwischen Burgsinn und Mittelsinn, Rieneck mit Schaippach und Hohenroth, Mittelsinn, Obersinn, Aura, Fellen, Rengersbrunn mit Hesselbach sowie (bis 1618) Wohnroth.

Die Stadt Rieneck, Mittelpunkt des gleichnamigen Grafengeschlechts, wurde im Jahre 1411 durch Bischof Johann v. Egloffstein mit Genehmigung des Mainzer Metropoliten und mit Zustimmung der Familie Thüngen zu Burgsinn zur selbstständigen Pfarrei mit Schaippach und Hohenroth als Filialen erhoben.

Die Thüngens übten gemäß Vereinbarung mit Würzburg und Mainz das Patronatsrecht auch in dieser Pfarrei aus. Die Jakobs- und Nikolaikirche in Mittelsinn wurde 1413 auf Bitten von Dietz V. v. Thüngen und der Einwohner von Obersinn und Mittelsinn durch Bischof Johann v. Brunn von der Mutterkirche in Burgsinn getrennt; auch für diese neu gegründete Pfarrei stand der Familie Thüngen das Patronat zu.

Obersinn war fortan Filiale von Mittelsinn. In Aura ist für 1448 und 1465 eine eigene Pfarrei belegt.

### ■ Höllrich

Zur Pfarrei Höllrich gehörte auch die Filiale Heßdorf. Sie erscheint erstmals in einem Verzeichnis von 1448, ferner in der Diözesanmatrikel von 1464/65. Ursprünglich sollen beide Dörfer zur Pfarrei Eußenheim gehört haben. Das Präsentationsrecht stand der Familie Thüngen zu.

### ■ Dittlofsroda

Dittlofsroda gehörte ursprünglich zur Pfarrei Wolfsmünster, als eigene Pfarrei ist Dittlofsroda erstmals 1448 und dann in der Diözesanmatrikel 1464/65 belegt. Patronatsherren sind die Thüngen. Möglicherweise erst seit der Einführung der Reformation waren Völkersleier und Waizenbach, vielleicht auch Heiligkreuz, Filialen von Dittlofsroda.

### ■ Gräfendorf

Auch Gräfendorf war ehemals Filiale von Wolfsmünster und ist seit 1448 und 1464/65 als eigene Pfarrei nachgewiesen. Patronatsherren waren die Thüngen. Über Gräfendorf heißt es in einem Schreiben Johann Philipps v. Schönborn vom 26.9.1646, bis 1446 hätten die Voit v. Rieneck (also nicht die Grafen!) und ab diesem Jahr die Thüngens neben allen hohen und niederen centbaren, botmäßigen Ober- und Gerichtsbarkeiten auch die geistlichen und pfarrlichen Rechte und Gerechtigkeiten, besonders aber die Collatur als freies Eigentum besessen.

### ■ Zeitlofs

Zeitlofs gehörte in kirchlicher Hinsicht zusammen mit Ramholz schon vor 1166 zum Kloster

Philipp Christoph Dietrich v. Thüngen begründete 1745 die Pfarrei Weißenbach.
*Reproduktion: Frank-Michael Rommert*

Schlüchtern und ist im Auftrag des dortigen Abtes von Neuengronau aus betreut worden. Es wurde 1453 auf Bitten Karls von Thüngen und mit Einwilligung des Abtes Johann von Schlüchtern von Bischof Gottfried Schenk von Limburg zur selbstständigen Pfarrei erhoben. Die Thüngen besaßen auch hier das Patronat. Wahrscheinlich waren Detter und Weißenbach zunächst Filialen der Urpfarrei Oberleichtersbach, bis dort 1575 die Gegenreformation durchgeführt wurde. Oberleichtersbach war die Urpfarrei der ganzen Gegend. Den Ort besaßen als Ganerben die Thüngen, Hutten und Dernbach, die das Kirchenpatronat gemeinsam ausübten. Georg Zethoff, der im Bauernkrieg vertrieben wurde, soll der letzte katholische Geistliche gewesen sein. Der Ort ist 1550 „durch die Gemeinde" evangelisch geworden. Schon 1575 wurde Oberleichtersbach durch Fulda wieder rekatholisiert, war 1618 wieder lutherisch.

Nach der Schlacht von Nördlingen blieb Oberleichtersbach fortan wieder römisch-katholisch. Heiligkreuz war Tochtergemeinde von Dittlofsroda bis ungefähr 1630/32 und ist erst dann zur Pfarrei Zeitlofs gekommen. 1745 errichtete Philipp Christoph Dietrich Reichsfreiherr v. Thüngen in Weißenbach eine eigene Pfarrei mit Detter und Heiligkreuz als Filialen. Die Kirche in Detter existiert vermutlich seit der Zeit vor 1499, die Wallfahrtskirche in Heiligkreuz dürfte noch wesentlich älter sein. Und 1453 kam auch Eckarts zu der neu gegründeten Pfarrei Zeitlofs. Außerdem richteten die Thüngen in Bonnland in der Reformationszeit eine eigene Pfarrei ein.

Viele Details der behutsam renovierten Kirche von Detter sind Zeugen der lokalen Kirchengeschichte.
Foto: Frank-Michael Rommert

■ **Wolfsmünster**

Wolfsmünster war die Urpfarrei für das ganze Flussgebiet der Saale zwischen Hammelburg und Gemünden sowie den meisten Ortschaften auf den Hochebenen der das Saaletal umrahmenden Berge. Zur Urpfarrei Wolfsmünster gehörten höchstwahrscheinlich die Thüngenschen Orte Ochsental, Morlesau, Weickersgrüben, Windheim, Gräfendorf, Michelau, Dittlofsroda, Schonderfeld, Neutzenbrunn, Waizenbach, Völkersleier, Seifriedsburg, Aschenroth sowie Schönau. Das Zisterzienserkloster Schönau wurde von Fritz v. Thüngen 1190 gegründet und 1335 der Pfarrei Wolfsmünster inkorporiert. Die Thüngen besaßen das

Patronatsrecht in Wolfsmünster. Später wurde dies durch das Hochstift Würzburg nicht anerkannt. Es war der gängige Versuch des Hochstifts, mit Hilfe seiner guten Juristen die eigene Macht auf Kosten der Thüngen zu erweitern. In Seifriedsburg, das seit 1497 eine eigene Kirche besaß, hat das Kloster wohl einen Messpriester gehalten.

### ■ Die Situation in Franken vor der Reformation

Zur Verdeutlichung der Hintergründe, die die Reformationsbewegung beeinflussten, einige Bemerkungen: Bestimmend waren die bedeutendsten Fränkischen Mächte Ansbach und Kulmbach, die sich seit 1495 in der Hand des Markgrafen Friedrich IV. (1486-1536) befanden. Sie standen in heftigem Konflikt mit den wieder erstarkten Würzburger Fürstbischöfen, den Herzogen von Franken. Es ging um die Vorherrschaft in Franken. Dazu kam die Rivalität zwischen den Burggrafen und der Reichsstadt Nürnberg, die 1502 sogar anlässlich des Kirchweihschutzes im Weiler Affalterbach zu einer offenen Schlacht ausartete, die mit dem Sieg des jungen Markgrafen Kasimir endete.

Schon 1504 durch den Landshuter Erbfolgestreit gelang es der Reichsstadt Nürnberg, das größte reichsstädtische Landgebiet in Deutschland zu erringen. Sie stieg dadurch zu einer der führenden Territorialmächte in Franken auf. Die Verschwendungssucht aber des „sorglosen Hausvaters Friedrich", der die beiden Markgrafschaften in große Schulden stürzte, brachte seine Söhne – zuvorderst den skrupellosen Kasimir – dazu, ihn 1515 auf der Plessenburg wegen angeblicher Geisteszerrüttung festzusetzen.

### ■ Die Reformation in Franken

Die Reformation weitete sich sehr schnell zu einer nationalen Bewegung aus und wurde seit dem Wormser Edikt von 1521 zu einem Prüfstein für die Reichsstände und damit auch für die fränkische Reichsritterschaft. Sie begann in Franken offen mit der Besetzung der erledigten Propststellen an den beiden Hauptkirchen Nürnbergs mit Männern aus dem Wittenberger Kreis um Luther. Das Landeskirchliche Prinzip war auf diese Weise in Nürnberg schon vor der Reformation weitgehend verwirklicht.

Die Reichsstadt Windsheim hatte 1521 einen evangelischen Prediger angestellt, und Georg Graf v. Wertheim erbat sich von Luther selbst einen Prediger. Dinkelsbühl, Schwabach, Coburg und Königsberg im Grabfeld folgten in der Annahme der evangelischen Gottesdienstordnung. Die Reichsstadt Weißenburg schützte ihren

Prediger gegen den zuständigen Bischof von Eichstätt. In den Bistümern Würzburg und Eichstätt waren es die humanistisch gebildeten Domherren, die mit zu den frühesten und eifrigsten Anhängern Luthers gehörten. Fast der ganze deutschsprachige Raum im Norden und Süden bis Kärnten – mit Ausnahme von Münster und Osnabrück – hingen der Lehre Luthers an. Zu diesem Zeitpunkt wäre die Kirchenspaltung noch zu vermeiden gewesen. Kaiser Karl V. aber benötigte seinen ganzen Verstand und seine ganzen politischen Kräfte, um sein Reich, „in dem die Sonne nicht unterging", zu erhalten; für ihn waren diese reformatorischen Bestrebungen eigentlich nur lästig. Offenbar erkannte der junge Kaiser zu diesem Zeitpunkt die Brisanz des Problems nicht. Denn nur so ist eigentlich das kaiserliche Verbot eines zur Klärung dieser Fragen geplanten Konzils zu erklären. Dieses Verbot machte eine nationale einheitliche Lösung auch politisch unmöglich. Es musste also eine andere Lösung gesucht werden – und das schien die territoriale und lokale Lösung zu sein.

Hier liegt der Keim für die Zerstreuung der Vielfalt, hieran ist zusammen mit dem kurzsichtigen Verhalten des Papstes das Bündeln der segensreichen Vielfalt in der Einheit gescheitert. Zur Überwindung und Beseitigung von religiösen Unklarheiten dienten aber wenigstens die Religionsgespräche, die in Franken vor allem in Nürnberg im März 1525 stattfanden.

Die Reichsritterschaft sah in der Reformation für ihre Politik sicher auch eine politische Chance. Aus den Akten des Thüngenschen Archivs ist aber ersichtlich, dass sich viele Vorfahren des Hauses Thüngen aus echter, tiefer Überzeugung offen zur Lehre Luthers bekannten.

## ■ Der Bauernkrieg

Die größte politisch-soziale Massenbewegung in der deutschen Geschichte ist der Bauernkrieg. Er wurde von der marxistischen und nationalsozialistischen Geschichtsschreibung als Vorbild für klassenbewusste Kämpfe hingestellt. Die Bewegung beruhte auf unterschiedlichsten Ursachen. Speziell durch einige missverständliche Schriften Luthers fand die Kritik an den bestehenden politischen,

Hans Carl v. Thüngen war Kaiserlicher Generalfeldmarschall. In einer Schlacht gegen die Franzosen bei Bonn verlor er ein Auge.
Foto: Frank-Michael Rommert

wirtschaftlichen und kirchlichen Verhältnissen neue Nahrung. Dabei hatte der Ursprung des Aufstandes durchaus religiöse, fast schwärmerische Gründe. Im April 1525 erfasste der Aufstand die beiden Bistümer Würzburg und Bamberg. An die 60 Burgen und 20 Klöster waren im Bistum Würzburg niedergebrannt worden. Lediglich die Veste Marienberg oberhalb Würzburg, Sitz des Fürstbischofs und Herzogs von Franken Konrad v. Thüngen, ebenso wie die Burg Sodenberg, die durch die Familie Thüngen verteidigt wurde, hielten als einzige der angegriffenen Burgen in Franken unversehrt stand. Erst der Reichstag zu Speyer 1526 brachte infolge der neuerlichen Kämpfe zwischen Kaiser Karl V. und König Franz I. von Frankreich wieder eine Besserung für die reformatorische Bewegung, indem er dem einzelnen Reichsstand die Einhaltung des Wormser Edikts so überließ, wie er es vor Gott und seinem Gewissen verantworten könnte. Erst damit war für die evangelische Kirche die Rechtsgrundlage geschaffen. Im Thüngenschen Herrschaftsgebiet dauerte die Einführung der Reformation wohl aus drei einfachen Gründen etwas länger als beispielsweise in der mächtigen Reichsstadt Nürnberg:

– zum einen war ein Mitglied der Gesamtfamilie Fürstbischof und Herzog von Franken,
– zum anderen war das Thüngensche Hoheitsgebiet im Vergleich zu dem seiner Nachbarn zu klein und
– zum Dritten hatten die Herren v. Thüngen offensichtlich den Grundsatz, niemand zum Bekenntnis der Lehre Luthers zu zwingen, weil sie selbst den Entschluss zum Übertritt sehr ernst nahmen.

## ■ Zur Einführung der Reformation im Thüngenschen Herrschaftsgebiet

Es gab offensichtlich viele Gründe, die die Herren v. Thüngen veranlassten, sich der Lehre Martin Luthers anzuschließen. Natürlich geschah dies nicht an einem Tag. Es war vielmehr ein langer kirchengeschichtlicher, schmerzhafter Vorgang. Die Lehre der Kirche war verdunkelt. Das Wort Gottes war kaum noch zu entdecken. Es war von nichtbiblischen und dem Evangelium widerstreitenden Gepflogenheiten überdeckt worden. Diese Diskrepanz war der eigentliche Grund für die zunehmende Bereitschaft, die Reformation einzuführen. Hinzu kamen die Mängel an Seelsorge, deren Ursache der zunehmende niedrige Bildungsstand der Priester war. Die wiederum waren schlecht besoldet, was den Eifer der Priesterschaft bestimmt nicht verbesserte. Gleichgültigkeit und Ignoranz in den kirchlichen Stellen nahmen zu.

Aber die Bindung an die Kirche war damals noch viel stärker und auch weiter verbreitet als heute. Die These von der Trennung von Kirche und Staat war noch nicht erfunden, so war die Kirche noch lange (wohl bis 1878) allein zuständig für Trauung und der Staat anerkannte diesen Akt. Und trotz der Fehlerhaftigkeit der kirchlichen Institutionen dachte kaum jemand an eine Trennung von der röm.-kath. Kirche. Man wollte den Ballast abwerfen, das Unechte vom Echten trennen. Man wollte reformieren unter Aufrechterhaltung der Einheit der Kirche, nicht deformieren.

Die Politik sah das anders. Sie sah keinen Grund zu einer ecclesia reformans. Sie sah hierbei gleich das ganze weltliche Gebäude ihrer Illusion einstürzen, sie griff lieber zu den geläufigen Mitteln der Gewalt und der List der das Recht verdrehenden Juristen, um ketzerische Gedanken auszumerzen.

Die Herren v. Thüngen müssen das Anliegen der Reformation allerdings sehr ernsthaft betrachtet und geprüft haben. Es war ihnen sicherlich sehr wichtig. Denn sonst hätten sie keinesfalls auf all die jahrhundertealten kirchlichen Ämter und Pfründe verzichtet. Waren doch ein Erzbischof, ein Fürstbischof, ein Diözesanbischof, viele Domherren, zwei Universitäts-Rektoren (die damals ja Geistliche waren), Domdechanten und noch manche andere geistliche Ämter von Mitgliedern der Familie v. Thüngen bis zur Reformation immer wieder besetzt.

Insbesondere die Forderung „nach unverfälschter Verkündigung des reinen Evangeliums" hatte eine große Anziehungskraft auf die damaligen Menschen. Auch war der niedere Klerus für die Reformen besonders empfänglich. Es waren aber auch viele Geistliche in dieser Zeit in Glaubensfragen indifferent, was im Thüngenschen Hoheitsgebiet durch immer wieder erneuerte Erlasse insbesondere in kirchlichen Fragen belegt ist.

Sicherlich sind außerhalb des Thüngenschen Herrschaftsgebietes die Pfründeanhäufungen in einer Hand, die weit verbreitet waren, auch ein wichtiger Angriffsgrund gegen die Gebräuche der röm.-kath. Kirche jener Zeit gewesen. Hierdurch konnten die Inhaber der Pfründe ihren damit verbundenen Verpflichtungen nicht

Das Abendmahlsgerät der Kirche zu Weißenbach wurde 1745 von Philipp Christoph Dietrich v. Thüngen gestiftet. Es wird bis heute genutzt.
Foto: Frank-Michael Rommert

## THÜNGENSCHE CENT

Drei gewellte Pfähle kennzeichnen den Wappenschild der Freiherren v. Thüngen. Das Reußenmännchen und die Fahnen des Heiligen Römischen Reiches bilden die Helmzier.
*Foto: Frank-Michael Rommert*

mehr überall persönlich nachkommen und sie mussten sich durch meist schlecht bezahlte Vikare vertreten lassen. Über die Reaktionen der betroffenen Bevölkerung im Thüngenschen Hoheitsgebiet sind nur wenige und indirekte Nachrichten überliefert.

Offensichtlich haben die Herren v. Thüngen in keiner ihrer Kirchengemeinden gegen den Willen der Bevölkerung die Reformation eingeführt. Was allgemein in religiöser Hinsicht fasziniert, waren die „klare, reine und unverdunkelte Predigt des Evangeliums", die neue Kirchenmusik und die Kommunion in beiderlei Gestalt. Dabei verlief die Entwicklung im Thüngenschen Hoheitsgebiet unterschiedlich, wie die folgenden Beispiele zeigen.

### ■ Reformation in Wolfsmünster

In den 40er Jahren des 16. Jahrhunderts versah Kilian Wurfbein den Gottesdienst in Wolfsmünster. Er war Angehöriger des Klosters Bronnbach, das durch Graf Wilhelm III. v. Wertheim 1549 säkularisiert wurde und dessen Mönche sich alle der neuen Lehre anschlossen. Im April 1550 verkaufte Graf Philipp v. Rieneck das Dorf an Philipp v. Thüngen. 1598 gab der damalige Pfarrer in Wolfsmünster unter Berufung auf die Auskünfte von Albrecht v. Thüngen an „das nun in die 45 Jahr die religion Augspurgischer Confession ald vigiret und umb 1553 durch wolermelden Philipsen von Thüngen und seinen Pfarrherrn Chilian Wurfbein führet, und also bißanhero ruhiglich und fridlich und ohne einigen eintrag exerciret sey" (abgedruckt in einem Bericht an den Mainzischen Amtmann Hertmuth v. Cronberg, 1559, bei Höfling, Gemünden).

### ■ Reformation in Zeitlofs

In Zeitlofs wurde die Reformation unter Neidhard II. und Karl IV. v. Thüngen eingeführt. Dazu wurde 1555 der aus Brückenau stammende Nikolaus Scheffer mit einer Bestätigung des Herrn Georgio Johannis, Weihbischof des Bistums Würzburg, als evangelischer Pfarrer eingesetzt. Scheffer schaffte zum Ärger der Ortsbewohner das „Wallen und Kreuzfahren" ab, er war förmlich verheiratet und „der lutherischen Lehre zugeneigt". Von Scheffers Nachfolger ist eigentlich nur bekannt, dass „er seines Leibes halber schadhaft" gewesen sei und aus Bobenhausen stammte.

1575 kam Eckarts als weitere Filiale an die Pfarrei Zeitlofs. Es war nämlich in Eckarts zum Streit über die Reformation gekommen. Der Fürstabt hatte Oberleichtersbach rekatholisiert und wollte das damals von Oberleichtersbach aus betreute Eckarts ebenfalls rekatholisieren. Die Thüngen beriefen sich aber auf den Lehensvertrag von 1472, in dem Eckarts „mit aller Herrlichkeyt und Zugehörungen" als Thüngenscher Besitz bestätigt war. Es war ein für die damalige Zeit typischer Trick der Würdenträger der katholischen Kirche, über das Kirchenrecht an das Lehen oder gar das Eigentum anderer zu kommen. Die Einkünfte des Oberleichtersbacher Pfarrers und des Oberleichtersbacher katholischen Schulmeisters aus Eckarts wurden gesperrt. Am 10. August 1577 (Laurentiustag) wurde der Oberleichtersbacher Pfarrer aus der Eckartser Kirche ausgeschlossen. Der legte förmlich Protest ein; die drohende Haltung der Bauern, die durch Sturmläuten zusammengerufen waren, zwangen ihn aber schließlich zum Abzug.

Damit war der Versuch, die Gegenreformation in Eckarts durchzusetzen, wegen der tapferen Haltung der Bevölkerung mit klarer Unterstützung der Thüngens gescheitert. In Fulda war nämlich am 24. Juni 1576 der dortige Fürstabt Baltasar v. Dernbach durch eine Verschwörung des Fürstbischofs Julius Echter v. Mespel-

Das Schloss auf dieser Karte von 1683 existiert heute nicht mehr. An seiner Stelle wurde um 1780 ein neues Gebäude errichtet.
Reproduktion: Frank-Michael Rommert

brunn abgelöst worden; der Würzburger Statthalter hatte aber schon im März 1577 einem kaiserlichen Beauftragten weichen müssen. So blieb Eckarts eine Filiale der evangelischen Pfarrei Zeitlofs.

### ■ Fürstbischof Konrad v. Thüngen

Eine Besonderheit aus der Zeit der Reformation ist noch zu berichten: Konrad III. v. Thüngen war von 1514 bis 1540 Fürstbischof von Würzburg und Herzog von Franken. Es gibt über ihn viele gehässige und entstellende Berichte. Oder man berichtete überhaupt nichts über ihn. Demgegenüber ist festzuhalten, dass Herzog Konrad als Fürstbischof in einer überaus schwierigen Zeit den Fortbestand des Bistums Würzburg ermöglicht und zustande gebracht hat.

Dazu gibt es dankenswerterweise im Archiv des Bistums mehrere Archivalien. Darin wird nachgewiesen, dass Bischof Konrad sich persönlich nichts Unrechtes hat zu Schulden kommen lassen. Er habe vielmehr mit den ihm zur Verfügung stehenden rechtlichen Mitteln einwandfrei und rechtens gehandelt. In religiöser Hinsicht versuchte er – im Gegensatz zu seinem Nachfolger Julius Echter von Mespelbrunn – ohne Terror und ohne Gewalttätigkeiten auszukommen. Mit Erasmus von Rotterdam stand er in besonderem Freundschaftsverhältnis, war auch gebildet genug, sich mit diesem ebenbürtig austauschen zu können. Und Fürstbischof Konrad wird 1530 auf dem Reichstag zu Augsburg, an dem er mit dem Weihbischof Augustin Marius teilnahm, an dritter Stelle der 20 katholischen Doctores genannt, die mit Dr. Eck die Confessio Augustana widerlegen sollten.

### ■ Die Gräfendorfer Kirchenordnung

Schon während der einsetzenden gegenreformatorischen Bestrebungen der katholischen Kirche bemühte sich die Familie v. Thüngen um eine einheitliche Kirchenverfassung im Thüngenschen Herrschaftsgebiet. So wurde eine Zusammenkunft sämtlicher Thüngenscher Pfarrer zum 19. September 1564 nach Gräfendorf durch die Familie Thüngen einberufen und unter Vorsitz des Familienältesten die Gräfendorfer Kirchenordnung geschaffen. Sie war und blieb die einzige über den Rahmen einer Dorfordnung hinausgreifende und für ein ganzes reichsritterliches Gebiet gültige Kirchenordnung innerhalb des Fränkischen Kreises.

Sie trägt den Titel „Gründlicher bericht, was sich die von den gestrengen, edlen und ernvesten Brüdern und Vettern von Thüngen verordnete Pastores und Kirchendiener in Einrichtung einer gleichförmigen christlichen Kirchenordnung verglichen haben zu Grefendorf den 19. September dieses 1564. Jars."

Ziel dieser Kirchenordnung war es, eine für das ganze Thüngensche Hoheitsgebiet gültige Gottesdienstordnung und evangelische Lehre zu verfassen, um „nach unserer Pflicht die durch den leidigen Satan aus göttlicher Verleugnung unter den evangelischen Predigern erregte Religionsgezenk leider mehr zu- als abnehmend" einer „einträchtigen christlichen Disciplin und Zucht (…) in heiliger, reiner, gesunder Lehre und auch wolstendlichen nutzlichen kirchenceremonien" zuzuführen.

In den Wirrnissen der Reformationszeit war auch im Thüngenschen Hoheitsgebiet die Entwicklung uneinheitlich verlaufen. Es bestand die Gefahr, dass alles auseinander streben könnte. Das war der Grund für die Entstehung des Gedankens, hier Abhilfe zu schaffen. Nach dem Tod des Fürstbischofs Konrad v. Thüngen war dies die richtige Zeit, um „irem uralten hochlöblichen adelichen Stammen und Geschlecht zu erhalten einträchtig den christlichen Disciplin und Zucht in ihrem Gebiet und Herrschaft anzurichten". Sie stellten fest „zu solchem Beginnen sei es hoch vonnöten, dass die ihnen angehörigen Kirchendiener, beide – in heiliger, reiner, gesunder Lehre und auch wolstendlichen, nutzlichen kirchenceremonien – eintrechtig wären und in guetem Frieden miteinander ihr von Gott befohlen Ampt mit allem Vleis versehen mochten (…) Deshalb beschrieben sie die Diener der Gemeinde und Kirchen, so zu Lehen anhörig semptlich und sonderlich nach Grefendorf doselbst freundlich und brüderlich in ihrer und den dazu verordneten Brüdern und Vettern Gegenwart der Lehr und Kirchenordnung halben Vergleichung furzunehmen".

Es ist hervorzuheben, dass diese Kirchenordnung nicht wie andere durch den Landesherrn diktiert, auch nicht durch einen kleinen Kreis oder einzelne Theologen gemacht wurde, sondern vielmehr auf einer eigens zu diesem Zweck sehr gründlich vorbereiteten Zusammenkunft sämtlicher Pfarrer des Thüngenschen Hoheitsgebietes unter Anwesenheit und Vorsitz der beiden Familienältesten Otto Wilhelm und Bernhard VI. v. Thüngen durch eine gemeinsame

Memento-Mori-Motive bestimmen das Epitaph von Johann Friedrich v. Thüngen in der Kirche zu Detter.
*Foto: Frank-Michael Rommert*

# THÜNGENSCHE CENT

Der blaue Turm steht auf dem alten, viereckigen Gemeindebrunnen des Dorfes. Er beherbergte zeitweise die Glocken der Weißenbacher Kirche.
*Foto: Frank-Michael Rommert*

Übereinkunft beschlossen und angenommen wurde.

Die Familie Thüngen hatte dabei mit dem auf der Brandenburgischen Kirchenordnung von 1553 „des getreuen Herrn Magistro Veit Dietrich, des ermelten Doctoris Martini Lutheri getreuen Discipulo" fußenden Entwurf eine entscheidende Vorgabe gegeben. Die Thüngensche Kirchenordnung steht somit im Einklang mit den Lutherischen Bekenntnisschriften. Als alleinige Richtschnur des Glaubens und der Predigt wird das in der Heiligen Schrift niedergelegte Wort Gottes anerkannt, wie dieses „nach rechtem katholischen Verstand in den drei furnembsten Symbolis und in des hocherleuchten Mannes D. Martinin Lutheri selig Catechismo et Confessio, desgleichen in der Augspurgischen Confesion und derselben Apologia erkleret" worden sei. Dies sei notwendig „umb der Einfeltigen willen, die durch Ungleichheit leichtlich geergert werden … und schließlich zur Erhaltung Friedens und Einigkeit under den Dienern des Predigtambts, dieweil Ungleichheit und mancherlei Form der Ceremonien zu allen Zeiten merklichen Hader, Zwietracht und Uneinigkeit erreget und verursacht hat. Zwar ist der Streit under den Fürnembsten unsers Teils Theologicis durch Gottes Friedes und warer Einigkeit ebenso enig in eußerlicher christlicher Kirchenordnung als in dem Hauptsachen zu vermuten, weil noch fur und fur des mancherlei unnötigen Flickwerks, neue Kirchenordnungen anzustellen, kein Ende noch Aufhören sein will; den es nu mer dohin kommen ist, für eine der eltesten und besten Kirchenordnungen, die bei des erwirdigen, gottleuchten Mannes D. Martin Lutheri Leben in vielen christlichen Kirchen üblich und gebräuchlich gewesen" entschieden.

Der Hauptteil der Gräfendorfer Kirchenordnung ist in 16 Abschnitte eingeteilt. In enger Anlehnung an das Agendbüchlein des Veit Dietrich wurde der Inhalt geregelt, wie beispielsweise
– der Ablauf der Vesper am Sonn-

abend mit dem Verhör der Kommunikanten und der Abendmahlsfeier an Sonn- und Feiertagen,
- die Beibehaltung von Messgewand und brennenden Lichtern und Kerzen,
- die Handlung des Catechismi,
- die Ordnung von besonderen Festen und Feiertagen,
- von der Wochenpredigt am Freitag,
- die Beichten und Privatabsolution werden beibehalten „wiewohl die bepstische Beicht, dorinnen vollige Erzählung aller und jeder Sünd zum Verdienst und genugtuung für die Sünde notwendig erfordert werden, billich abgeschaffet sei, solle doch die besondere Verhör, dorinnen auch eins Jeden die Privatabsolutio zu gewisser Application gesprochen wird, gehalten werden".

Es folgt der Abschnitt „von der Taufe", „von Kranken zu communiciren", „von Hochzeiten", etc.

Die Kirchenordnung ist geprägt von der Sorge um das Seelenheil der Gemeindemitglieder. Dies wird deutlich, wenn etwa die Weiterverwendung des Kirchenornats „um Friedens willen und zu Verhüttung der Schwachen Ergernis" akzeptiert, die Elevation (= Hochheben der Hostie und des Kelches vor der Wandlung) hingegen untersagt wird, „damit die Ungleichheit nicht neue Gezenk anrichte".

Den Handlungsanweisungen für die Pfarrer folgt fast regelmäßig die Aufforderung, die Gemeinde über das rechte Verhältnis des betreffenden Gegenstandes zu belehren und zu entsprechendem Verhalten anzuhalten; so wird auch das vorzeitige Verlassen der Kirche gestraft, der regelmäßige Empfang der Kommunion gefordert und die würdige Begehung der Feiertage angemahnt.

Anzumerken ist noch, dass es im Thüngenschen Gebiet noch jweils eine Dorfordnung gab. Als Beispiel sei die Dorfordnung aus Detter aus dem Jahre 1596 genannt. Sie bestimmt an erster Stelle, dass an den Feiertagen die Predigt zu besuchen und die Feiertage zu heiligen seien. Und es wird der Wunsch mitgeteilt, die neue Lehre zu befestigen. Schließlich wurde für eine Gotteslästerung ein Strafmaß von sieben Schillingen festgelegt.

## ■ Kurze Hinweise auf die Gegenreformation

An und für sich war das Thüngensche Gebiet gut gewappnet – insbesondere dadurch, dass die Reformation nirgends gegen den Willen der betroffenen Bevölkerung eingeführt worden ist. Dennoch spielten in der Zeit der immer stärker einsetzenden Gegenbewegung die politischen Machtverhältnisse eine gewichtige Rolle. Alle politischen Territorien um das Thüngensche Gebiet herum

Johann Sigmund Karl Reichsfreiherr v. Thüngen (1730–1800) aus Roßbach war Präsident des Reichskammergerichts in Wetzlar.
Foto: SaM

waren stärker als die v. Thüngen, so beispielsweise Kurmainz im Westen, Fürstbistum Würzburg im Süden, Erzbistum Bamberg im Osten. All diese geistlichen Fürsten sahen gierig auf das Gebiet derer v. Thüngen und versuchten, es zu vereinnahmen. Nun kam noch der Religionsstreit dazu: Das begehrte Objekt hatte sich von der Mutterkirche getrennt. Die „Ketzer" mussten mit allen Mitteln – List, Betrug, Gewalt – wieder der allein selig machenden röm.-kath. Kirche zugeführt werden. Hinzu kam, dass bei einem Besitzwechsel einzelner Herrschaftsstücke bei den Herren v. Thüngen – sei es durch Aussterben einer Linie, sei es durch Übergabe als Heiratsgut an eine andere Familie oder aus anderen Gründen – einer der mächtigeren Herren immer einen Anlass suchte, sich einzumischen, etwas, was ihnen nicht gehörte, an sich zu ziehen oder die Familie mit Prozessen zu überziehen. Sehr oft suchte man nicht einmal nach einem Vorwand, sondern man drang mit einem Söldnerhaufen des Nachts beispielsweise nach Thüngen ein, trieb die Bevölkerung in der Kirche zusammen und stellte sie vor die Wahl, entweder zur Messe zu gehen oder sofort die Heimat zu verlassen.

Mutigen, klugen Thüngenschen Frauen und Herren gelang es zwar oft, die Soldateska des Bischofs Julius Echter v. Mespelbrunn zu vertreiben. Aber viele Ortschaften wurden dann insbesondere durch den 30-jährigen Krieg und seine verheerenden Folgen für die ganze Cent endgültig wieder rekatholisiert, wie beispielsweise Weyersfeld, Wolfsmünster, Fellen, Rengersbrunn, Wohnroth, Windheim, Bonnland etc. Teilwisen Erfolg hatte die Gegenreformation z. B. in Thüngen (ein Viertel wurde rekatholisiert) und Burgsinn.

Aus der Kirchengeschichte können wir viel lernen, denn auch hier hat Gott gewirkt. Christen liegen immer in Gottes Hand. Gott aber ist ewig – er begleitet unsere ganze Kirchengeschichte und wird uns auch in die Zukunft führen.

WOLF-HARTMANN FREIHERR V. THÜNGEN († 2001)

**Literaturhinweise**

*Christoph Bauer: Die Einführung der Reformation im Gebiet der Herren von Thüngen.* Neustadt/Aisch: Verlag Degener 1985.

*Prof. Dr. Max Spindler: Handbuch der Bayer. Geschichte, Bd. III.* Verlag C. H. Beck 1971.

*Dipl.-Ing. Dr. Rudolf Freiherr von Thüngen: Das reichsritterliche Geschlecht der Freiherren von Thüngen, Lutzische Linie, Teil 1.* Würzburg: Verlag Kabitzsch und Mönnich 1926 (Reprint: Neustadt/Aisch: Verlag Degener 1997) und Teil 2: Andreasische Linie (Neustadt/Aisch: Verlag Degener 1999).

# Adeliges Damenstift Waizenbach

*Seit ihrer Gründung vor 270 Jahren unterstützt die Stiftung bis heute adelige Damen.*

Das ehemalige Rittergut Waizenbach liegt etwa acht Kilometer östlich von Hammelburg auf dem Plateau über der fränkischen Saale im gleichnamigen Ort Waizenbach.

### ■ Zur Schlossgeschichte

Die damaligen Gebäude wurden – wie die meisten fränkischen Schlösser – im Bauernkrieg zerstört. Der Wiederaufbau von Schloss Waizenbach erfolgte dann erst 1570 durch Dietz von Thüngen und seine Frau Agatha von Seckendorf.

Während des 30-jährigen Krieges wurde der Besitz an Wolf-Dietrich Truchseß von Wetzhausen verkauft. Um dessen Erbe entbrannten zwei Generationen lang Auseinandersetzungen. Durch Urteil des Reichsgerichtes gelangte der Besitz schließlich an Magdalena Regina Truchseß von Wetzhausen, geb. von Jöstelberg. Aufgrund eines Gelübdes brachte sie ihr väterliches Erbe in eine ewige Stiftung ein.

### ■ Das Ziel: Versorgung evangelischer Adelstöchter

Die Stifterin wollte evangelischen Töchtern adeliger fränkischer Familien – insbesondere den Töchtern der Familien Truchseß von Wetzhausen und von Stetten – eine angemessene Versorgung zukommen lassen. Dabei war es ihr besonders wichtig, dass die Stiftsdamen „in guter Ordnung und Einigkeit" beisammen blieben und in „frommer Hausgemeinschaft" im Schloss in Waizenbach leben mögen.

Bis heute wird den Stiftsdamen bei ihrer Aufnahme dieser Orden verliehen.
Foto: SaM

Magdalena Regina Truchseß von Wetzhausen schrieb den Stiftsdamen vor, sich dreimal wöchentlich am Vormittag in der Kirche zum gemeinsamen Gebet einzufinden und auch die gewöhnlichen Betstunden ohne Ausnahme zu besuchen, da „die Furcht Gottes aller Weisheit Anfang ist, und ohne das andächtige Gebet nichts gedeyhliches ausgerichtet werden kann…" Sie verlangte ferner, in der Öffentlichkeit in schwarzer Kleidung aufzutreten und dort immer das Stiftskreuz zu tragen. Dies alles galt bis zur Auflösung des gemeinsamen Stiftungshaushaltes im Jahr 1883.

■ **Zum Kirchenwesen**

Die Stifterin, später die Stiftsdamen und insbesondere die Pröpstinnen haben während der Dauer der Stiftungsanstalt im Schloss in Waizenbach (bis 1883) das Kirchenwesen in Waizenbach stark beeinflusst und getragen. Die Damen haben durch Zustiftung das Kirchenvermögen spürbar vermehrt. So wurden seitens der Pröpstinnen und der sonstigen Stiftsdamen regelmäßige Spenden erbracht: Altar- und Kanzelschmuck, Abendmahlsgerät, Glocken bis hin zu Klingelbeuteln und „schwarzem Priesterrock". Die Stiftung, die heute noch der Eigentümer von Kirche und Pfarrhaus ist, hat durch fast drei Jahrhunderte maßgeblich zum Erhalt der Kirche beigetragen.

■ **Das Ende der Stiftungsanstalt**

Die Stiftungsanstalt funktionierte 150 Jahre lang. Allerdings verschlechterte sich die wirtschaftliche Situation zusehends. Ursache waren die Umbrüche während und nach der napoleonischen Zeit wie der Wegfall von Gerichts- und Steuerhoheit, Abschaffung von Frondiensten etc. Obwohl etwa ein Fünftel des Waldbesitzes verkauft wurde, musste die Wohngemeinschaft in Schloss Waizenbach im Jahr 1883 aufgelöst werden.

Die Stiftsdamen waren nun auf sich allein gestellt. Sie bekamen eine bescheidene geldliche Zuwendung (Präbende), lebten aber nicht mehr in gemeinsamer Hausgemeinschaft. Der Bezug zum Ort Waizenbach ging zusehends verloren. Die Inflation nach dem Ersten Weltkrieg und die Weltwirtschaftskrise 1929 schwächten die Substanz weiter, so dass die Zahlungen zeitweilig eingestellt werden mussten (so auch nach dem 2. Weltkrieg) und das Schloss in Waizenbach immer mehr verfiel.

In den letzten Apriltagen des Jahres 1945 wurden weite Teile des Ortes Waizenbach – so auch Kirche und Schloss – durch Tieffliegerbeschuss erheblich zerstört. Die Stiftung geriet so erneut in materielle Not. Nur einer der drei zerstörten Schlossflügel konnte nach Kriegsende wieder hergerichtet werden, zumal die wenigen vor-

handenen Mittel zunächst in den Neubau der Kirche flossen. Der Revierförster der Stiftung bezog im Schloss Wohnung, ebenso einige Mieter. Für die Katholiken des Dorfes wurde im Erdgeschoss des Schlosses eine kleine Kapelle gebaut, die heute noch existiert. Die beiden anderen Flügel wurden notdürftig gesichert und mit einem Notdach versehen. Erst in den letzten Jahren konnten diese Flügel aus Mitteln der Stiftung – aber auch mit Zuschüssen des Bayerischen Innenministeriums – wieder aufgebaut werden. In diesem Teil des Schlosses befinden sich heute vier Wohnungen und ein Veranstaltungsraum für die Stiftung.

### ■ Die Stiftung heute

Der Stiftungszweck hat sich in den 270 Jahren letztlich nicht gewandelt: Es werden auch heute Präbenden an adelige Damen bezahlt – allerdings nur während der Ausbildung und der Rentenzeit.

Über die Aufnahme der Stiftsdamen entscheidet der Stiftungsrat (vergleichbar einem Aufsichtsrat) auf Vorschlag der Pröpstin. Diese wird aus der Mitte der Stiftsdamen gewählt. Die Aufnahme selbst erfolgt anlässlich des jährlichen Stiftungsfestes (3. Oktober) ausschließlich in Waizenbach, so dass heute sichergestellt ist, dass sich die Stiftsdamen kennen und mindestens einmal im Jahr gemeinsam Abendmahl feiern.

Der Stiftsverwalter (Geschäftsführer) wird i. d. R. aus dem Kreis der Stifterfamilie bestellt und arbeitet ehrenamtlich. Das Vermögen der Stiftung besteht unverändert im Wesentlichen aus land- und forstwirtschaftlichen Flächen, die selbst bewirtschaftet werden respektive verpachtet sind.

Früher mussten die neuen Stiftsdamen während des Aufnahmegottesdienstes eine feierliche Verpflichtung auf die Statuten (Satzung) der Stiftung ablegen. Dazu knieten sie auf einem Teppich vor dem Altar. Dieser Aufschwörteppich ist im Mainfränkischen Museum in Würzburg ausgestellt.

Auf eine bewegte Geschichte blickt das ehemalige Rittergut Waizenbach zurück.
*Foto: Adeliges Damenstift Waizenbach*

---

MICHAEL FREIHERR TRUCHSESS,
*Verwalter des Adeligen Damenstifts Waizenbach*

# Haus Lehmgruben

*Mehr als 30 Jahre haben schlesische Diakonissen im Mainstädtchen Marktheidenfeld und darüber hinaus segensreich gewirkt.*

Arkaden und Haus Gottestreue.
Foto: Archiv Haus Lehmgruben

Das Diakonische Seniorenzentrum Haus Lehmgruben in Marktheidenfeld hat seinen Ursprung in Breslau, wo die Gräfin Wally Poninska 1869 ein Mutterhaus gründete. Es entstand aus der Arbeit mit gefährdeten Kindern. Im Jahr 1889 kamen das Krankenhaus „Bethesda" und eine Haushaltsschule hinzu. 1912 zählte das Mutterhaus schon 340 Diakonissen, die sich zu einer Lebens- und Dienstgemeinschaft zusammengeschlossen hatten.

Viele Lehmgrubener Schwestern haben jahrelang in Schlesien treu ihren Dienst in Heimen und Gemeinden verrichtet – bis der Krieg ausbrach und sein Ende auch den Abschied von der Heimat einleitete. Erst in Triefenstein am Main und schließlich 1951 in Marktheidenfeld fand die Schwesternschaft eine neue Heimat. Es entstanden ein neues Mutterhaus, ein Feierabendhaus für die wachsende Zahl der Ruhestandsschwestern, schließlich 1965 eine Kapelle und ein Haus für Einkehrtage und Freizeiten.

Heute leben nur noch wenige Schwestern mit ihrer Oberin Schwester Gertrud Hampel. Der Geist ihrer Gemeinschaft aber lebt im Haus Lehmgruben fort. Es wurde 1988 von den Rummelsberger Anstalten der Inneren Mission e.V. übernommen und wird heute im Arbeitsbereich „Hilfen für Menschen im Alter" weitergeführt.

Der Anteil älterer Menschen an der Gesamtbevölkerung hat in den letzten Jahren durch eine höhere Lebenserwartung zugenommen, während die Mobilität von Einzelnen abnimmt. Das Bild der Stationären Altenhilfe hat sich dadurch erheblich geändert. Alte Menschen möchten so lange wie möglich zu Hause gepflegt werden. Dadurch steigt in der stationären Pflege das Lebensalter und die Pflegebedürftigkeit, während die Verweildauer der Bewohner/-innen kürzer wird. Durch die Zunahme der veränderten Altersstruktur begegnen uns aber auch viele unterschiedliche Krankheitsbilder – vor allem demenzielle Erkrankungen nehmen spürbar zu.

Aufgrund dieser Veränderungen in der Altenhilfe – insbesondere durch die Pflegeversicherung – wurde ein Mehrbedarf an Pflegebetten deutlich. So wurde Anfang 1996 aus dem Alten- und Pflegeheim Lehmgruben das Diakonische Seniorenzentrum Haus Lehmgruben. Heute bietet es alten und pflegebedürftigen Menschen ein neues Zuhause mit umfassender und qualifizierter Betreuung in Form von 123 Altenheimplätzen, stationärer Wohnpflege einschließlich eines beschützenden Bereichs für stark altersverwirrte Menschen, weiterhin Kurzzeitpflege, gerontopsychiatrische Förderung, hauswirtschaftliche Versorgung, Mobiler Mahlzeitendienst, Offener Mittagstisch und Seniorencafé.

Im Jahr 1980 vermerkt der letzte Rektor der Diakonissenschaft, Rudolf Irmler: „Unsere klein gewordene Schwesternschaft, wo jetzt alle Diakonissen im Feierabend sind, stellt aber nicht das Ende der diakonischen Arbeit dar. Ein Tiefpunkt darf nicht zur Resignation führen, sondern zur Besinnung auf das Wesentliche – auf die Menschen, die unserer Hilfe bedürfen. Alles kommt und geht auf dieser Welt. Alle Formen, so lieb sie uns sind, wandeln sich. Bleiben wird unser Auftrag an den Menschen, den Christus uns gegeben hat."

Diesen Auftrag wollen wir Rummelsberger in Marktheidenfeld erfüllen, und die Losung der Schwesternschaft steht auch weiterhin über dem Haus Lehmgruben: „Gottes Barmherzigkeit hat noch kein Ende und seine Treue ist groß."

FRIEDER KÄB, *Diakon*

*Die Rummelsberger, Haus Lehmgruben Marktheidenfeld,*
*Lehmgrubener Str. 18,*
*97828 Marktheidenfeld,*
*Tel. (0 93 91) 9 86 40*

Das Haus Gottestreue (links) und das Brunnenhaus (rechts) sind Teil des Diakonischen Seniorenzentrums Haus Lehmgruben.
Foto: Archiv Haus Lehmgruben

# Bad Brückenau

*Wer auf der Bundesautobahn A 7 von Fulda nach Würzburg unterwegs ist, überquert auf seiner Fahrt durch die südwestliche Rhön nach einem Drittel des Weges das tief eingeschnittene Tal der Sinn. Schaut er zur Rechten talabwärts, sieht er zwischen Höhen und Wäldern eingebettet das Städtchen Bad Brückenau.* Blick auf Bad Brückenau. Foto: Gerd Kirchner

Die Badestadt im Sinntal ist ein spätes Kind der Geschichte. Erst im Jahr 1294 wurde die Stadt zum ersten Mal urkundlich erwähnt. Der Fürstabt von Fulda hatte sie als Brücken- und Talsicherung erbaut für den Weg zu seiner südlichsten Stadt, der Sommerresidenz Hammelburg. Bald erfüllte sie vielfältige Aufgaben. Ein reiches, landwirtschaftliches Umland im Süden der Stadt verlangte nach einem Umschlagplatz, nach Handel und

Handwerk. Der Holzreichtum des Gebietes wollte verwertet werden in Holzverarbeitung, Gerberei, Eisenverhüttung, Glasbläserei, Töpferei und Herstellung von Pottasche. Schon 1310 bekam der neu erbaute Ort Stadtrechte, 1329 wurde er Gerichts- und Verwaltungsmittelpunkt. 1337 erreichte die Stadt mit der Erweiterung der Stadtmauer nach Osten die endgültige Größe, die sie bis in unser Jahrhundert behalten sollte.

### ■ Die Mineral- und Heilquellen des Staatsbades Bad Brückenau

Seit über 250 Jahren sind die heilkräftigen Wasser der Mineral- und Heilquellen des Staatsbades Bad Brückenau über die Rhön hinaus bekannt und berühmt. Die historische Anlage geht zurück auf das Jahr 1747, als die Fürstäbte von Fulda das Heilbad als eines der ersten seiner Art in Deutschland gründeten. Das im Staatsbad von vier verschiedenen Quellen gelieferte Wasser zählt zu den kochsalzärmsten in Deutschland und ist praktisch nitratfrei.

Schon damals wollten viele Menschen in den Genuss des Wassers kommen, also wurde das Wasser verschickt. Noch zu Anfang des 20. Jahrhunderts wurden pro Jahr circa 150 000 Tonkrüge des kostbaren Gutes auf Pferdewagen zu den Kunden transportiert. 1909 wurde das erste Füllhaus für Flaschen eingerichtet. Das Wernarzer Wasser, das aus einer der Heilquellen im Staatsbad fließt, wurde dort von Hand abgefüllt, etikettiert und verschlossen. 1919 war es weltweit bekannt und wurde u. a. nach Russland, Großbritannien, Australien und in die USA verkauft.

Heilwasser aus Bad Brückenau wird von Kunden in ganz Deutschland geschätzt.
*Foto: Staatl. Mineralbrunnen AG*

Seit 1988 nutzt der Staatl. Mineralbrunnen als Pächter der Quellen das Juwel der Natur. Durch eine konsequente Ausrichtung der Unternehmensphilosophie konnte 1990 der erste ökologische Abfüllbetrieb der Bundesrepublik eingerichtet werden. Er ist nach wie vor ein richtungsweisender Musterbetrieb in der Getränkebranche.

Heute arbeiten rund 70 Mitarbeiter in dem Unternehmen, das seit 1994 als „Staatl. Mineralbrunnen AG" firmiert. Täglich verlassen 500 000 Flaschen das Haus und werden nach Nordbayern, Baden-Württemberg, Hessen und Thüringen geliefert. Das Heilwasser „Wernarzer Wasser" wird sogar bundesweit verkauft. Damals wie heute besitzt es eine wohltuende Wirkung auf Magen, Darm, Nieren und Blase sowie auf das vegetative Nervensystem, befreit den Körper von Giftstoffen und fördert den Stoffwechsel. Aufgrund seiner schleimlösenden Wirkung findet das Staatl. Bad Brückenauer Heilwasser auch Anwendung bei Erkrankungen der oberen Luftwege.

## ■ Kirchengeschichtliches

Kirchlich war die Stadt lange Zeit von der Urpfarrei Oberleichtersbach abhängig. 1360 wurde eine eigene Frühmesse gestiftet, 1365 wird zum ersten Mal eine Kirche (Patron Sankt Bartholomäus) erwähnt. Als der Frühmesser Johann Pauli, der sich meist in Frankfurt am Main aufhielt, dem Rat der Stadt anheim stellte, einen Vertreter zu suchen, schrieb dieser am 3. Juni 1532, der Fürstabt möge einen Pfarrer schicken, der „dem neuen Evangelio Christi" vorstehen könne. Aus dieser Formulierung des Stadtrates ist zu entnehmen, dass sich die Stadt der Lehre Martin Luthers zugewandt hatte. Das ist nicht verwunderlich, da auch die Fürstäbte von Fulda zu dieser Zeit der neuen Lehre mit Sympathie gegenüber standen.

Ein Sohn der Stadt, Pfarrer Nikolaus Scheffer, wird „totus Lutheranus", „glühender Anhänger Luthers", genannt. Ritter Neidhard von Thüngen berief ihn im Jahre 1553 nach Zeitlofs, wo er die neue Lehre einführte. Nachdem er mit Erfolg dieses Ziel erreicht hatte, vertraute ihm sein ritterlicher „Landes"-Herr die Urpfarrei Oberleichtersbach an, um auch dort die Luthersche Lehre durchzusetzen.

Doch schon regte sich in der Fürstabtei Fulda der Geist der Gegenreformation. Der Brückenauer Kaplan Scheffers, Magister Christoph Rossbach (ca. 1560–1575), machte seinem Pfarrherrn große Schwierigkeiten; er predigte in der Kirche zu Brückenau das alte Evangelium. Das Pendel der Kräfte schlug hin und her, bis sich endlich im Jahre 1602 der Fürstabt Balthasar von Dernbach (1570–1576 und 1602–1606) politisch durchgesetzt hatte. Mit strenger

Die Christuskirche im Staatsbad.
*Foto: G. Weber*

Hand ließ er durch seinen Centgrafen Heinrich Altensteig in seinem Amt Brückenau die Rückkehr zur alten Lehre durchsetzen. Nur die Orte seiner lehenspflichtigen Ritter blieben davon verschont: das Gebiet der Ritter von der Tann, Römershag und Riedenberg, das der Ritter von Bibra, Geroda und Platz und das Gebiet der Ritter von Thüngen, die Großpfarrei Zeitlofs. Diese Konfessionsteilung blieb bis in unser Jahrhundert erhalten. Eine Ausnahme bildete lediglich Römershag, das 1692 an Fulda ging und rekatholisiert wurde.

Eine besondere Entwicklung wurde durch die oben bereits angesprochene Gründung des Staatsbades im Jahre 1747 eingeleitet. Nun kamen Gäste, Beamte und Handwerker mit evangelischem Glauben in die Stadt, verheirateten sich hier und ließen sich nieder. Da rein evangelische Ehepaare keine unmittelbare Betreuung erfahren konnten und da bei Mischehen die katholische Kindererziehung garantiert werden musste, konnte sich kein fester Stamm von evangelischen Gemeindebürgern bilden.

■ **Die Zahl der Evangelischen wächst**

Erst das freizügigere Denken des 19. Jahrhunderts, von dem auch die jüdischen Bürger Nutzen zogen, ließ allmählich eine Diaspora-Gemeinde wachsen, in der sich die Evangelischen immer mehr etablieren konnten. So wurden vom Pfarrer in Zeitlofs im Jahre 1864 in

Christuskirche: Blick von der Mittelempore auf den Altarraum.
Foto: Unbekannt

Brückenau 19 Evangelische betreut. Die Zahlen wuchsen von 29 im Jahre 1870 auf 49 im Jahre 1880, 64 im Jahre 1890, 127 im Jahre 1900, 168 im Jahre 1905 und 247 im Jahre 1910.

Diese Ausbildung eines festen Stammes von Gemeindegliedern zeigte schon früher ihre Auswirkungen nach außen. Schon 1857 und 1864 stieß die Erneuerung der Einpfarrung nach Zeitlofs auf Widerstand. Im Jahre 1870 wurde ein fester Gottesdienst im Staatsbad für die evangelischen Bewohner von Brückenau eingerichtet, 1881 erfolgte dann die Einführung eines regelmäßigen Religionsunterrichts. 1901 wurden Gottesdienste im Sitzungssaal des Bezirksamtes abgehalten. Das ist nicht verwunderlich, waren doch zu dieser Zeit alle Beamten des königlichen Bezirksamtes evangelisch.

Offenbar hat Bezirksamtmann Alfred Freiherr von Waldenfels (1890–1908) auch die neue Entwicklung zur Organisation der evangelisch-lutherischen Gemeinde Brückenau eingeleitet. Im Jahre 1903 wurde ein Evangelischer Diaspora-Verein Brückenau gegründet. Erste bedeutsame Auswirkungen zeigte die Tätigkeit des Vereins im Jahre 1912, als ein eigener, von Zeitlofs abhängiger Diasporasprengel Brückenau gebildet wurde. Dieser umfasste die Orte Römershag, Unter- und Oberriedenberg, Oberbach, Wildflecken, Rohtenrain, Reußendorf, Alt- und Neuglashütten, Werberg, Speicherz, Kothen und Motten. Die Krönung dieser Bestrebungen war der in romanisierendem Stil erstellte Bau der evangelischen Kirche im Staatsbad, die am 9. August 1908 eingeweiht wurde. Bei der Generalversammlung des Evangelischen Vereins vom 11. Mai 1919 kam zum ersten Mal der Gedanke zur Sprache, in der Stadt ein Gebäude mit Betraum und Wohnung zu erstellen. Schon bald darauf schenkte die Stadt ein Baugrundstück am Ziegelstück.

Die Planung eines Pfarrhauses mit Betsaal erweckte auch den Gedanken an die Gründung einer Tochter-Kirchengemeinde mit eigener Vikarstelle, was im Jahr 1922 verwirklicht wurde. Schon am 1. Juli 1922 zog Friedrich Schneidt als erster Vikar in die Stadt. Er blieb bis 1929. Ihm folgten Heinrich Volkert (1929–1931), Helmut Reichardt (1931–1935) und Walter Horkel (1935–1938). Am 19. Au-

## Zur Geschichte der Russlanddeutschen

Die Geschichte der Deutschen in Russland beginnt im 18. Jahrhundert mit dem Erlangen des Zarenthrons durch Katharina II. Als deutsche Prinzessin gewährte sie ihren Landsleuten viele Privilegien und lockte sie dadurch nach Russland. Zigtausende folgten ihrem Angebot und wollten der enormen Armut in deutschen Ländern entfliehen, die dort in Folge des Siebenjährigen Krieges herrschte.

Die Umsiedlung gestaltete sich jedoch sehr schwierig und war gezeichnet durch Not, Armut und Tod. Erst nach mehreren Generationen blühte die deutsche Gemeinde in Russland auf, was dann zu Neid auf Seiten des russischen Adels führte, der die Deutschen als nationale Fremdkörper betrachtete. Unter dem stalinistischen Terror der 1930er Jahre prägten dann Massenverhaftungen, Verbannung und Ermordung ihren Alltag. Dies gipfelte in der Verbannung der Deutschen nach Sibirien und Kasachstan nach dem Überfall Hitlers auf die Sowjetunion.

Nach dem Zweiten Weltkrieg wurden die Deutschen in der Sowjetunion totgeschwiegen. Erst der Zusammenbruch des Sowjetimperiums schuf eine völlig veränderte Situation. Ehemals nicht aufbrechbare Grenzen wurden durchlässig und das Nationalbewusstsein der Menschen in den einzelnen Sowjetrepubliken wuchs. Die Deutschen standen vor der schwierigen Entscheidung: Bleiben oder Gehen? Sich neu finden in einem Staat, der im Chaos zu versinken droht und in dem alte Vorurteile vom deutschen Faschismus aufkeimen, oder völliger Neuanfang in der Heimat der Vorfahren? Viele entschieden sich für Letzteres und leben nun unter uns. Als Deutsche unter Deutschen? Oder getrennt von uns als „Russen"? Gewissermaßen zwischen Heimat und Heimat ...

WOLFGANG STOCK, *Diakon*

Russlanddeutsche Spätaussiedler beim Bibelstudium im Hauskreis mit Diakon Wolfgang Stock.
*Foto: Privat*

# BAD BRÜCKENAU

Der Bronze-Brunnen vor dem Rathaus.
Foto: Rainer Gollwitzer

gust 1923 wurde der Grundstein für das neue Pfarrgebäude gelegt; es konnte 1924 bezogen werden.

### ■ Musik und Diakonie

Im Jahre 1925 gründete das Gemeindeglied Andreas Schneider einen Posaunenchor, der am 1. November 1925 zum ersten Mal in der Öffentlichkeit auftrat. Bis zu seinem Tode am 3. Mai 1972 betreute Schneider den Chor und führte ihn zu vielen erfolgreichen Konzerten. Meist gab es auch einen Kirchenchor. Gemeindeabende wurden musikalisch und literarisch gestaltet.

Eine weitere Leistung der jungen Kirchengemeinde war die Gründung einer Diakoniestation. Schon bei der Generalversammlung des Evangelischen Vereins am 1. November 1918 wurde angeregt, die Gemeindeschwester von Zeitlofs zur Krankenpflege in Brückenau heranzuziehen. Am 16. November 1930 wurde eine Satzung beschlossen, aber erst ab 15. März 1931 konnte vom Mutterhaus Hensoltshöhe bei Gunzenhausen die Diakoniestation errichtet werden. Organisationsmittelpunkt aller Aktivitäten der Gemeinde war der Evangelische Verein.

Nachdem der Anteil der evangelischen Bevölkerung in der Stadt Brückenau auf einige hundert Gemeindeglieder angewachsen war, wurde die Kirchengemeinde Brückenau zur eigenen evangelisch-lutherischen Pfarrei erhoben. Pfarrer Johann Kolb kam am 31. März 1938 als erster Pfarrer nach Brückenau, 1943 wurde er bei Stalingrad vermisst. Ihn vertrat Pfarrer Wilhelm Zoller, der 1948 als Pfarrer eingesetzt wurde und die Stelle bis zu seinem Tod am 10. Mai 1972 innehatte. Ihm folgte am 1. Dezember 1972 Pfarrer Friedhelm von Czettritz und Neuhaus.

### ■ Die Friedenskirche

Unter Pfarrer Zoller wurde von 1957 bis 1959 die neue Friedenskirche in der Bahnhofstraße erbaut. 1952 waren die ersten Pläne vom Würzburger Architekten Hermann Schönewolf entworfen worden, spätere vom Münchner Regierungsbaumeister Gustav Gsänger. Aber erst der Plan des Münchner Architekten Franz Gürtner kam zur Ausführung. Leitender Architekt war Horst Jäckel. Durch den im Süden aufragenden spitzen Turm betritt man unter der Orgelempore den zeltartig wirkenden Kirchenraum. Die Mitte der Stirnwand wird beherrscht von der Christusfigur, die alle Gläubigen zu sich einlädt. Das Fresko stammt vom Kirchenmaler Fritz Otto Kaufmann. Die Kirche weihte Oberkirchenrat Heinrich Koch, Ansbach, die Festpredigt hielt Oberkirchenrat i.R. Oskar Eduard Daumiller, der 1912–1917 Pfarrer in Zeitlofs gewesen war und in dieser Zeit Brückenau mitversorgt hatte. Im Jahr 1980 umfasst die Kirchengemeinde 1800 Seelen, verteilt auf Bad Brückenau mit Wernarz und Römershag (1580), Eckarts (120), Volkers, Speicherz, Kothen und Motten (100).

Im September 1995 übernahm Pfarrer Rainer Gollwitzer die seelsorgerliche Betreuung der Gemeinde. Diese war inzwischen u. a. durch Übersiedler aus der ehemaligen DDR und durch Aussiedler aus dem Bereich der früheren Sowjetunion auf etwa 2400 Glieder angewachsen. Während der dreieinhalbjährigen Amtszeit von Pfarrer Gollwitzer wurde das Gemeindehaus durch einen Anbau vergrößert, um mehr Platz für gemeindliche Aktivitäten zu schaffen.

Auch die Genehmigung der Stelle eines Gemeindediakons fiel in diese Zeit. Die Stelle wird seitdem durch Wolfgang Stock von der Rummelsberger Brüderschaft eingenommen. Der Schwerpunkt seines Wirkens liegt in der Aussiedlerintegration auf verschiedenen Ebenen (siehe Kasten). Pfingsten 2000 wurde Pfarrer Gerd Kirchner als neuer Seelsorger der Friedenskirchengemeinde mit Eckarts eingeführt.

Im städtischen Kurpark steht die Friedenskirche
*Foto: Michael Wehrwein*

LEONHARD RUGEL, *Heimatforscher, überarbeitet durch* FRIEDHELM VON CZETTRITZ UND NEUHAUS, *Pfarrer i. R.*

# Bonnland

*Das Dorf Bonnland gehörte zu den ältesten christlichen Siedlungen unserer Gegend und war in der Frühzeit seiner Geschichte von Fulda bestimmt. Erst in späterer Zeit gelangte Bonnland kirchlich zum Bistum Würzburg.*

Vermutlich war Bonnland an die Kirchengemeinde Hundsfeld angegliedert und ist erst später eigene Pfarrei geworden. Durch Otto Wilhelm von Thüngen, den Herrn von Bonnland und Greifenstein, wurde die Reformation eingeführt. Die Gegenreformation, in der die meisten Kirchengemeinden der Umgegend rekatholisiert wurden, scheiterte am energischen Widerstand der Bürger des Dorfes. 1658/59 verkaufte die Familie von Thüngen das Dorf und das Schloss an Hans von Rußwurm, Generalmajor und Obrist. Harte Frondienste und Besteuerungen lagen auf dem Dorf. Die Bevölkerung konnte sich lange Zeit nicht mit dem neuen Herrn zurechtfinden.

Trotz dieses gespannten Verhältnisses wurde im Jahr 1685 nach Abriss des alten Kirchenschiffes die neue Kirche gebaut. Die beiden Untergeschosse des Turmes aus dem 13. Jahrhundert blieben erhalten.

Die Kirchengemeinde bestand bis in das Jahr 1938. Damals musste das Dorf, das bis dorthin nahezu evangelisch gewesen war, geräumt werden, da der seit 1894 bestehende Truppenübungsplatz wesentlich erweitert wurde. Die meist aus Bauern bestehende Bevölkerung wurde nach Gnötzheim-Wässerndorf umgesiedelt.

Nach 1945 siedelten frühere Bonnländer sowie heimatvertriebene Landwirte aus den Ostgebieten neu an. So fanden 19 evangelische und zehn katholische Familien in dem noch gut erhaltenen Ort eine neue Heimat. Die Kirche, die evangelisch blieb, wurde simultan genutzt. Sie war der jungen Kirchengemeinde Bonnland vom

Staat zur Pacht gegeben worden. In der Kirche fehlte nahezu alles.

Zum ersten Gottesdienst läuteten in Ermangelung der Glocken Kartuschen, die Gemeinde saß auf Munitionskisten. In dieser Zeit wurde Bonnland seelsorgerlich vom Exponierten Vikariat Hammelburg aus betreut.

Dem Vikariat Bonnland wurde auch die seelsorgerliche Betreuung des Flüchtlingslagers „Lager Hammelburg" übertragen. Die Kirchengemeinde Bonnland wuchs so schnell auf über tausend Gemeindeglieder an. 1947 bezog der aus Siebenbürgen stammende Pfarrer Schuleri ein Zimmer im ehemaligen Pfarrhaus. 1949 wurde Bonnland zum Exponierten Vikariat erhoben.

Mit der Übernahme des Truppenübungsplatzes durch die Bundeswehr musste Bonnland wieder umgesiedelt werden, nachdem vorher der Plan der US-Verwaltung, den Übungsplatz wieder zu nutzen, vereitelt worden war. Am 1. März 1957 hob der Evang.-Luth. Landeskirchenrat die Kirchengemeinde auf. Die Betreuung der Restgemeinde erfolgte durch den Pfarrer von Hammelburg.

1965 verließ der letzte Bewohner des Dorfes den Ort. Die Kirche wurde geräumt, die Epitaphien (Gedenktafeln mit Inschrift für einen Verstorbenen an einer Kirchenwand) gingen zum Teil wieder in den Besitz der Familie von Thüngen über. Glocken und Orgel wurden von den Bewohnern in die neue Heimat bei Kitzingen mitgenommen.

Altarraum der St. Michaelskirche in Bonnland.
Foto: Bildstelle der Infantrieschule der Bundeswehr

Die Kirche selbst wurde vor dem Abbruch bewahrt. 1977 kam zum ersten Mal der Gedanke auf, die verlassene und im Inneren weitgehend verwüstete Kirche wieder als Gotteshaus zu nutzen. Mit viel privater Initiative und Fleiß konnte die Kirche renoviert werden. In einem ökumenischen Gottesdienst am 23. September 1979 wurde sie neu geweiht und dient nun der evangelischen und katholischen Militärseelsorge und der übenden Truppe als gottesdienstlicher Raum. Am Erntedankfest (1. Sonntag im Oktober) findet ein öffentlicher Gottesdienst statt.

FRIEDRICH WUNDERLICH *und*
MARTIN SOLLFRANK

# Burgsinn

*Die Marktgemeinde Burgsinn liegt im romantischen Sinntal am Zusammenfluss von Sinn und Aura, umgeben von den weiten Wäldern der Spessart- und Rhönausläufer.*

Die romanische Wasserburg stammt aus dem 10. Jahrhundert. *Foto: Verwaltungsgemeinschaft Burgsinn*

Burgsinn kann auf eine tausendjährige, bewegte Vergangenheit zurückblicken. Davon zeugen die romanische Wasserburg mit ihrem 22 Meter hohen Bergfried und das alte Schloss am Ortsausgang. Es wurde 1620 erbaut und ist noch heute Wohnsitz der Familie v. Thüngen. Das Frohnhofschlösschen wurde im Stil der Renaissance erbaut und war einst Witwensitz der Herren v. Thüngen. Gemeinsam mit dem Rienecker Tor weist es auf die alte Geschichte des Ortes hin.

Im Jahr 1001 wird „Sinna" im Zuge eines Gütertausches in einer Urkunde des Kaisers Otto III. erstmals erwähnt. 1334 erhielt Burgsinn durch Kaiser Ludwig den Bayern das Marktrecht. Der Würzburger Bischof Otto II. setzte 1337 Dietz von Thüngen als Erbburgmann ein. 1405 wurde der Ort an Wilhelm von Thüngen verkauft. Seitdem war das Schicksal Burgsinns eng mit diesem Geschlecht verbunden.

■ **Der längste Streit der deutschen Geschichte**

Nachdem sich in der zweiten Hälfte des 16. Jahrhunderts das Verhältnis der Herren von Thüngen zur Ortsbevölkerung verschlechterte, entbrannte im Jahr 1598 ein Rechtsstreit um den 3134 Hektar großen Wald. Dieser Waldprozess erstreckte sich über viele Generationen und wurde erst nach 300 Jahren 1899 zugunsten der politischen Gemeinde entschieden. Dieser Prozess gilt als der längste Rechtsstreit in der deutschen Prozessgeschichte. 1816 kam Burgsinn zu Bayern.

### ■ Kirchliche Ursprünge

Die Pfarrei Burgsinn wird in einer alten Handschrift (Michael de Leone) um 1350 zum ersten Mal erwähnt. In ihr wird bezeugt, dass schon „seit altersher" die Orte Burgsinn, Rieneck, Schaippach, Hohenroth, Mittelsinn, Obersinn, Fellen, Wohnroth, Rengersbrunn, Aura und ein inzwischen untergegangenes Dorf namens Hemminghausen zur Pfarrei Burgsinn gehörten. Burgsinn ist damit die Urpfarrei des Sinngrundes. Erst 1411 wird Rieneck und 1413 Mittelsinn eigene Pfarrei, Aura sogar erst im 16. Jahrhundert nach Mittelsinn ausgepfarrt.

Im Jahre 1564 führten Bernhard und Eberhard von Thüngen in Burgsinn die Reformation ein. Sie beriefen den ersten lutherischen Pfarrer Jonas Lichtenfelser. Diese erste evangelische Kirchengemeinde bestand bis 1631. Mit dem Dreißigjährigen Krieg begann 1618 für die evangelische Gemeinde die schwerste Zeit. Die Bevölkerung hatte besonders unter den durchziehenden fremden Soldaten zu leiden. 1631 musste der damalige Pfarrer Alexander Chesselius (1616–1631) im Zuge der Gegenreformation fliehen. Nach ihm ist heute der Gemeindesaal in der Pfarrei benannt. Mit seiner Eintragung von drei Taufen und einer Trauung am 25. Januar 1631 endet das älteste Kirchenbuch der Pfarrei, das 1588 begonnen worden war.

Schon 1626 waren die Herren von Thüngen wegen Verachtung der kaiserlichen Mandate in die Reichsacht erklärt worden, mit deren Vollstreckung Kurmainz beauftragt wurde. In den Wirren des Dreißigjährigen Krieges mussten die Familie von Thüngen, der evangelische Pfarrer und die evangelischen Lehrer Burgsinn verlassen.

### ■ Die Neubegründung der Kirchengemeinde 1704

Die Burgsinner Bürger, die noch evangelisch geblieben waren, wurden in der Folgezeit vom Pfarramt Zeitlofs aus betreut, sie gingen auch dort zur Kirche. Als aber 1650 die Linie der geächteten Herren von Thüngen ausgestorben war, wandten sich die Erben an das Reichskammergericht, um die Einsetzung in ihre vorherigen Rechte zu erlagen. Im so genannten „Mainzer Recess" vom 30. Januar 1697 mussten sie versprechen, „dass sie die kath. Religion wie selbe von den Untertanen nach und nach allda angenommen und jetzt in völligem Stand ist mit nebst vorhandenen Kirchen und Schulen ungekränkt, unbeschwert zu lassen". Die Bezüge der Pfarrer und Lehrer beider Konfessionen mussten die Herren von Thüngen übernehmen und in der katholischen Pfarrkirche einen besonderen Altar auf der rechten Seite für den evangelischen Gottesdienst errichten.

Täglich früh von 7 bis 9 Uhr und nachmittags von 12 bis 13 Uhr sollte dieser zur Benützung für die evangelischen Gottesdienste und Andachten bereitstehen, danach für katholische Gottesdienste. So ist es in Burgsinn bis 1955 geblieben, als eine neue Kirche für die evangelische Gemeinde eingeweiht werden konnte und damit das 250 Jahre dauernde Simultaneum aufgelöst wurde.

1704 hielt der Pfarrer von Zeitlofs die erste Taufe und im April den ersten Gottesdienst in der katholischen Michaelskirche auf Grund des zugestandenen Rechts. Im Juli 1704 schrieb der nach Burgsinn berufene Pfarrer Georg Christian Sartorius an die Herren von Thüngen, er habe eine „kleine, schon auf ganz wenige heruntergebrachte Herde". Nach diesem Zeugnis waren es etliche, wenn auch wenige, die ihrem evangelischen Glauben unter Druck und Verfolgung treu geblieben waren. Bald wuchs aber die kleine Gemeinde, vor allem durch die vielen Bediensteten der Familie von Thüngen. Im Laufe der Zeit gingen die Thüngenschen Ämter in die Hände von Evangelischen

In der Burg Rieneck finden heute Veranstaltungen für Pfadfinder aus ganz Europa statt.
*Foto: Pfadfinderburg Rieneck*

# BURGSINN

Die Dreieinigkeitskirche in Burgsinn wurde aus dem roten Sandstein der Burgsinner Berge gebaut.
*Foto: Karl Heil*

über. So kann man verstehen, dass der 200-jährige Gedenktag des Augsburger Religionsfriedens 1755 von der ganzen Gemeinde besonders festlich gefeiert wurde.

1766 wanderten mehrere junge Ehepaare nach Russland aus. Sie folgten dem Ruf der Zarin Katharina II., die weiten Steppen Süd- und Weißrusslands zu besiedeln. 1772 verließen Burgsinner ihre Heimat und wandten sich nach Ungarn, 1774 gingen verschiedene Bürger nach Nordamerika.

## ■ Pfarrhaus- und Kirchenbau

Prägend für die Gemeinde war ein Mann, der in Burgsinn von 1879–1925 als Pfarrer – davon zehn Jahre als Dekan – und weitere zwanzig Jahre im Ruhestand hier lebte: Kirchenrat Georg Zeitler. Er begleitete 66 Jahre die Geschicke der Gemeinde und verstarb 1945 im hohen Alter. Ihm ist der Bau des Pfarrhauses (1898) zu verdanken.

Das wichtigste Ereignis in der neueren Zeit ist der Kirchenbau in den Jahren 1952–1955. Schon lange hatte man Gelder für eine eigene Kirche angesammelt, aber durch Inflation und Währungsreform waren ansehnliche Beträge wieder verloren gegangen. Durch Initiative von Pfarrer Werner Sondermann erfolgte am 2. November 1952 die Grundsteinlegung. Am Dreieinigkeitsfest, am 5. Juni 1955, wurde das Gotteshaus durch Oberkirchenrat Heinrich Koch, Ansbach, eingeweiht. Es erhielt den Namen Dreieinigkeitskirche. Die Marktgemeinde hat erhebliche finanzielle Mittel zum Bau der

Kirche beigetragen, das Holz für die Decke, Empore und Bänke wurde von ihr gestiftet. 1956 konnte im Gotteshaus eine Orgel der Firma Steinmeyer aufgestellt werden.

### ■ Die Kirche

Mit Recht sind die Burgsinner auf ihr schönes Gotteshaus stolz. Die Steine für die Kirche haben die Männer der Gemeinde zusammen mit Pfarrer Sondermann an der Koppe gebrochen und selbst unter Leitung von Maurermeister Wilhelm Siebenlist gemauert. Sie ist im Wesentlichen aus einheimischem Material, dem roten Sandstein unserer Burgsinner Berge, gebaut. Die schön gestaltete Holz-Kassetten-Decke, die Orgelempore und das Gestühl sind aus Lärchenholz gefertigt. Der Marmor von Altar, Kanzel, Taufstein und Chorraum sind in Altengronau geschliffen worden. Der als freistehender Campanile erbaute Turm trägt vier Glocken. Die klangschöne Orgel besitzt 22 Register. Die großen, bunten Altarfenster des Münchner Kunstmalers Arno Bromberger erschließen sich dem Betrachter nicht auf den ersten Blick. Immer wieder wollen sie neu betrachtet werden. Sie zeigen den Auferstandenen in seiner Herrlichkeit vor dem Kreuz, umgeben von der „Wolke der Zeugen" (Hebräer 12,1). Auf der linken Seite sieht man unter anderem Adam und Eva, Mose und David als alttestamentliche Zeugen, auf der rechten Seite neutestamentliche Zeugen wie Hanna und Simeon, Petrus und Jakobus, die drei Frauen am Grab. Das ganze Bild ist ein Lobpreis des auferstandenen und erhöhten Herrn.

### ■ Die Kirchengemeinde heute

Sie umfasst räumlich die Orte Burgsinn, Rieneck, Schaippach mit Hohenroth, Fellen mit Wohnrod und Rengersbrunn. Mehr als tausend Mitglieder gehören zur Pfarrei. Sonntäglicher Gottesdienst wird in Burgsinn und am ersten Sonntag im Monat auch in der Burgkapelle von Rieneck gefeiert. Kindergottesdienst findet in Burgsinn nach dem Hauptgottesdienst statt. Religionsunterricht wird an den Schulen in Burgsinn und Rieneck erteilt. Für größere Veranstaltungen steht der „Alexander-Chesselius-Saal" zur Verfügung. Er befindet sich im Gemeindehaus, der ehemaligen evangelischen Schule. Posaunen- und Kirchenchor bereichern das Gemeindeleben. 1995 feierte die Kirchengemeinde das 40-jährige Bestehen der Kirche.

### ■ Geschichte der Predigtstation Rieneck

Als die Reformation in Burgsinn eingeführt wurde, war die Zeit der evangelischen Kirchengemeinde

Das Altarfenster der Dreieinigkeitskirche – hier als Aquarell von Georg Hammer, Pfarrer i. R.

Reproduktion: Sascha Müller-Harmsen

Rieneck schon vorüber. Heute ist die Predigtstation Rieneck ein Teil unserer Kirchengemeinde.

Damals gehörte die selbstständige Gemeinde zum Herrschaftsbereich der Grafen von Rieneck. Graf Philipp von Rieneck (1515–1559) war ein eifriger Anhänger der Reformation. Er setzte den lutherischen Schulmeister Lorenz Wildner als ersten evangelischen Pfarrer in Rieneck ein. Aber schon 1559 verstarb Graf Philipp ohne Erben. Damit fiel fast sein ganzer Besitz an Kurmainz. Die Mainzer begannen wie in Burgsinn umgehend mit der Gegenreformation. 1618 wurde der letzte evangelische Pfarrer Balthasar Holzapfel seines Amtes enthoben und ein katholischer Pfarrer wurde eingesetzt. 1631 kam noch einmal für kurze Zeit ein evangelischer Pfarrer nach Rieneck. Die Grafen von Hanau hatten noch Besitz in Rieneck, deshalb konnten sich noch einige Evangelische in der Stadt halten.

Mit dem Bau der Eisenbahn Ende des 19. Jahrhunderts kamen wieder evangelische Christen zur Gemeinde hinzu. Die Burg ging in evangelische Hände über, die Burgkapelle wurde renoviert. Am 30. Juli 1905 wurde erstmals nach fast 300 Jahren wieder ein evangelischer Gottesdienst in Rieneck gehalten. Die neuen Besitzer – eine NS-Organisation – untersagte dann 1934 die Abhaltung von Gottesdiensten auf der Burg. Als nach dem Krieg zahlreiche Heimatvertriebene auch nach Rieneck kamen, trafen sie sich zunächst im Dürrnhof und später im Rittersaal der Burg zum Gottesdienst. 1959

Die Kreuzkapelle im dicken Turm stammt vermutlich aus dem 11. Jahrhundert.
*Foto: Pfadfinderburg Rieneck*

Die Burgkapelle Rieneck wird für Gottesdienste genutzt.
Foto: Johannes Müller

übernahm der Verband christlicher Pfadfinder die Burg. Immer wieder wurde sie erneuert und zu einem modernen Tagungszentrum der Pfadfinderschaft ausgebaut. Die Burgkapelle konnte schon am 25. Dezember 1960 durch den damaligen Dekan von Lohr, Kirchenrat Ludwig Roth, ihrer Bestimmung übergeben werden. Eine kleine, aber treue Gemeinde versammelt sich hier jeden ersten Sonntag im Monat zum Gottesdienst.

■ **Die romanische Mauerkapelle im Turm von Burg Rieneck**

Nur wenige wissen, dass die alte Burg eine architektonische Kostbarkeit birgt. Nur in Irland ist noch eine solche Kapelle zu finden. Im großen siebeneckigen Wehrturm befindet sich in der Mauer eine romanische Kapelle in Kleeblattform, die wahrscheinlich älter ist als der Turm selbst.

■ **Ausblick**

Wenn wir auf die wechselvolle Geschichte unserer Gemeinde zurückblicken, sehen wir immer wieder auf den auferstandenen Christus, der seine Gemeinde auch durch schwere Zeiten hindurchgetragen hat. Im Fenster der Dreieinigkeitskirche in Burgsinn überstrahlt die Darstellung des auferstandenen Herrn den Gottesdienst. Umgeben von der Wolke der Zeugen des Alten und Neuen Testaments sammelt er seine Gemeinde um sich. Aus dieser Wurzel kommen Wachsen und Gedeihen.

In Burgsinn und Rieneck kommen evangelische Christen zusammen, die von der Mitte des Evangeliums her versuchen, ihren Glauben in die Welt zu tragen und umzusetzen.

JOHANNES MÜLLER, *Pfarrer*

**Literaturhinweise:**

*Adolf Bayer: Der 300jährige Burgsinner Waldprozeß. 1961 erschienen in der Schriftenreihe zur Geschichte der Stadt Lohr, des Spessarts und des angrenzenden Frankenlandes, Heft 7.*

*Marktgemeinde Burgsinn (Hg.): 1000 Jahre Burgsinn. Festschrift zur Milleniumsfeier der Marktgemeinde Burgsinn im Jahr 2001.*

*Beide Schriften sind bei der Marktgemeinde Burgsinn erhältlich, Telefon (0 93 56) 9 91 00.*

# Detter

*Die Marktgemeinde Detter wird urkundlich um 1200 erstmals erwähnt. Der Name wird verschieden gedeutet. Der Frauenname „Theudrada" ist vermutlich zum Ortsnamen geworden. Vielleicht liegt dem Namen auch ein Grundherr „Dieterich" zu Grunde.*

Vor dem 30-jährigen Kriege gab es ein Nieder-Detter und Ober-Detter. In den blutigen Wirren dieses Krieges wurde Nieder-Detter zerstört und nicht mehr wieder aufgebaut.

In der Kirche finden sich etliche Jahreszahlen aus dem 16., 17. und 20. Jahrhundert. An der Außenwand des Altarraumes ist gar 1499 zu lesen.

Bei der Renovierung der Kirche 1927 wurden im Turmraum an den Wänden Grabplatten der Freiherren v. Thüngen eingemauert, die früher im Altarraum standen. Diese Epitaphien sind steinerne Zeugen, dass dieses Gotteshaus im 16. und 18. Jahrhundert als Grablege genutzt wurde. Ein großer Epitaph verblieb im Altarraum. Umrahmt wird er von den Wappen der Vorfahren des Johann Friedrich v. Thüngen.

Links von der Kanzel hängt an der Wand ein eindrucksvolles Kruzifix. Generalleutnant Karl Freiherr v. Thüngen erwarb es 1940 bei einer Auktion in Berlin, wo es zu einem Spottpreis verschleudert werden sollte.

Im Zusammenhang mit dem Attentat auf Adolf Hitler wurde Karl Freiherr v. Thüngen am 20. Juli 1944 mit dem Kommando des Wehrkreises III beauftragt. Er hielt

Karl Freiherr v. Thüngen wurde am 24. Oktober 1944 hingerichtet.
Foto: Udo Molinari

Den Prospekt der Orgel von Detter zieren kunstvolle Engelsfiguren.
Foto: Frank-Michael Rommert

# DETTER

Die Kirche von Detter.
Foto: Udo Molinari

Das Lesepult stammt aus dem Jahr 1793.
Foto: Udo Molinari

Schalldeckel mit einer Datierung aus dem Jahr 1706 und das Lesepult von 1793. Die Einrichtung der Kirche hatte seit dem 17. Jahrhundert verschiedene Fassungen erlebt: rot, grau, ocker. Eine aufwändige Innenrenovierung bildet 2002 den Abschluss der Sanierungsmaßnahmen, die 1988 an der Kirchhofmauer begannen. Die Außensanierung wurde 1993 bis 1995 in zwei Abschnitten durchgeführt und kostete eine halbe Million DM. Wenn der Umgang mit dem Landesamt für Denkmalpflege sich auch manchmal mühsam gestaltete, war er wiederum hilfreich. Beim Einsatz für „ihre" Kirche zeigte sich der Eifer der Detterer: Beträchtliche Eigenleistungen wurden vollbracht. Schon bei der Außenrenovierung trugen die 375 evangelischen Dorfbewohner innerhalb eines Jahres Spenden in Höhe von 30 000 DM zusammen.

Bis im Jahr 2000 ein elektrisches Geläute eingebaut wurde, hatte eine Familie über 50 Jahre lang das Glockenläuten besorgt. Während der Gottesdienste war dies Aufgabe der Läutbuben; der älteste Konfirmand war „Läutmeister".

In Detter steht das Gasthaus noch gegenüber der Kirche, wogegen in den Nachbarorten Heiligkreuz und Weißenbach alle aufgegeben wurden.

den Krieg für verloren und wollte eine Ablösung an der Regierungsspitze. Am 5. August wurde der Generalleutnant verhaftet, am 7. August aus der Wehrmacht ausgestoßen und wegen des Verrats gegen den Führer angeklagt. Er wurde für schuldig befunden, weil er sich mit der Führung des Wehrkreises hatte beauftragen lassen und nichts getan hatte, den Verrat rückgängig zu machen. Am 24. Oktober 1944 wurde Karl Freiherr v. Thüngen im Zuchthaus Brandenburg-Görden hingerichtet. Nach dem Krieg stiftete die Witwe das Kruzifix für die Kirche mit einer schlichten Gedenktafel für ihren Mann.

Durch die Restauration sind Kleinode sichtbar geworden: der

LYDIA SENGSTOCK *und*
UDO MOLINARI, *Pfarrer*

# Dittlofsroda

*Die Kirche von Dittlofsroda liegt mit ihrem großen Zwiebelturm als Mittelpunkt über dem Dorfzentrum.*

Im Mittelalter gehörte Dittlofsroda zu der Herrschaft des Geschlechts von Thüngen. Schon vor 1624 wirkte hier ein evangelischer Pfarrer, der zugleich Waizenbach, Völkersleier und Weickersgrüben mitbetreute. 1622 ging Dittlofsroda in den Besitz des Würzburger Domherrn Samuel von Thüngen über. Auf seine Veranlassung hin erhielt der katholische Pfarrer von Wolfsmünster die Erlaubnis, Gottesdienste in der Kirche zu halten. Die Versuche, Dittlofsroda zu rekatholisieren, schlugen allerdings fehl. So ist Dittlofsroda eine der alten evangelischen Gemeinden in der weiten Umgebung, die von der Reformation her in unsere Zeit gekommen sind.

Das langgestreckte Kirchengebäude wurde in seiner jetzigen Form 1791 an den Turm aus dem 15. Jahrhundert angebaut. 1980 fand eine umfassende Außenrenovierung statt, 1986 folgte die Innenrenovierung.

Zur Kirchengemeinde Dittlofsroda zählen etwa 200 Gemeindeglieder. Mitbetreut werden von dem hiesigen Pfarrer die Kirchengemeinden Völkersleier und Waizenbach.

FRIEDRICH DINTER, *Pfarrer i. R.,* *überarbeitet von* SIEGHARD SAPPER, *Pfarrer*

Blick auf die Kirche von Dittlofsroda vom Dorfzentrum aus.
Foto: Reinhold Schierle

# Eckarts

*An der Einmündung des Krechenbaches in die Breite Sinn liegt malerisch, von Wiesen und Wald umgeben, das Dörfchen Eckarts.*

Kanzel und Taufstein der Kirche in Eckarts.
Foto: Anne und Heiko Adam

Eckarts grenzt an den Kurbezirk von Bad Brückenau und hat dadurch teil an der gepflegten Betreuung der Kurgäste. Bahnlinie und Straße bleiben auf der anderen Talseite, so dass der dörfliche, ruhige Charakter des Ortes ungestört bleibt. Zwei Gaststättenbetriebe und die nahen Kureinrichtungen erweitern die Erwerbsmöglichkeiten der 250 Seelen zählenden ländlichen Gemeinde.

Seit über 225 Jahren wird das Dorfbild von einem barocken Kirchlein bestimmt. Es ist eine zierliche, aber einfache Anlage mit zwei Fensterachsen und Emporen. Die Fassade weist über einem stichbogigen Portal, das ein Thüngensches Wappen und die Jahreszahl 1754 trägt, einen geschweiften Blendgiebel auf. Der leichte Kirchturm mit barocker Laterne ist als Dachreiter aufgesetzt.

Im Innern der Kirche beeindruckt die Kanzel mit ihren zahlreichen Feldern, die von elegant geschwungenen Ranken und flachen Holzschnitzereien geziert sind. Reich geschnitzt ist auch die Kanzeldecke, die gekrönt wird durch beeindruckenden Volutenaufsatz. Die geschmackvolle Dekoration setzt sich im Epistelstuhl fort. 1898 wurde das einfache, in sich geschlossene Gotteshaus restauriert und mit einer Steinmeyer-Orgel ausgestattet. In seiner Chronik hat Pfarrer Gottfried Mundle erwähnt, dass ein barockes Deckengemälde übermalt worden sei.

Im Jahre 1425 wurde Eckarts noch zur Cent Brückenau gezählt und unterstand der Fuldischen Propstei Thulba. Doch am 22. März 1439 kam es durch Tausch an die Herren v. Thüngen zu Zeitlofs. Lehensherr blieb der Fürstabt zu Fulda. Während sich alle umliegenden Orte schon 1553 der neuen Lehre Martin Luthers angeschlossen hatten, wurde in Eckarts erst 1576/77 die alte Lehre abgeschafft, als in den Fuldischen Landesteilen, wie im Nachbarort Wernarz, schon die Rückführung zur alten Lehre eingesetzt hatte. Dieses konservative Element in der Gemeinde Eckarts drückt sich noch heute in der Abhaltung eines Hagelfeiertages am Freitag nach Christi Himmelfahrt aus.

Die Dorfherren – die Freiherren v. Thüngen – mussten sich wegen Eckarts mit einem Lehenspferd für den Fürstabt zu Fulda bereithalten. Als nach den napoleonischen Kriegen das südliche fuldische Gebiet an Bayern fiel, wurden auch die reichsritterlichen Rechte dem Landesherrn zugeschlagen. Bei der neuen Gemeindebildung wurde 1818 Eckarts mit dem damals etwas kleineren Rupboden zusammengeschlossen. Kirchlich behielt Eckarts immer eine gewisse Selbstständigkeit, auch wenn es erst durch den evangelischen Pfarrer von Zeitlofs, seit 1938 vom Pfarrer der Stadt Bad Brückenau mitversorgt wurde. Auch in der politischen Verbindung mit Rupboden suchte Eckarts sein eigenes Profil. Es ging voran in der eigenen Beschulung ab 1691, in der gesellschaftlichen Aktivität der Vereinsgründungen im vorigen Jahrhundert und in der Siedlungstätigkeit nach dem Zweiten Weltkrieg.

Immer zwischen Gegensätzlichem lebend, entwickelten die Gemeindeglieder von Eckarts über das Dörfliche hinausragende Kräfte. Nach außen war das sichtbar,

Die Kirche von Eckarts.
Foto: Alfred Wiesner

als der Landwirt und Pensionsinhaber Richard Hänlein 1956 zum Landrat des Landkreises gewählt wurde und diese Stellung unangefochten behauptete, bis 1972 Bad Brückenau dem Großlandkreis Bad Kissingen einverleibt wurde.

Das kleine Barockkirchlein von Eckarts schmückt das Sinntal im Vorbeifahren wie eine Perle. Sein Inneres lässt Gottesdienste in einer ganz besonderen Atmosphäre erleben, getragen vom Kirchenvorstand, der freundlichen „Kernmannschaft" und den Brückenauern, die sich ab und zu hier einfinden, sowie Kurgästen, die Gottesdienst in Verbindung mit einem schönen Spaziergang durch das Sinntal schätzen.

LEONHARD RUGEL, *ergänzt durch* FRIEDHELM VON CZETTRITZ UND NEUHAUS, *Pfarrer i. R.*

# Gemünden a. M.

*Gemünden a. Main hat seinen Namen vom Zusammenfluss der Flüsse Main, Saale und Sinn. Als Zeuge aus alter Zeit thront die Ruine der Scherenburg stolz über Stadt und Talsenke.*

Am bekanntesten ist Gemünden in Deutschland wohl durch seinen Bahnhof geworden, den täglich 350 bis 400 Züge passieren. Eng verbunden mit der Entwicklung des Eisenbahnknotenpunktes ist auch die Entstehung der evangelisch-lutherischen Kirchengemeinde. Bahnarbeiter und Bahnangestellte gehörten zu den ersten evangelischen Gemeindegliedern. Dazu kamen Beamte der Gemündener Behörden, vor allem des Landratsamtes. Bis zur Gebietsreform 1972 war Gemünden ein eigener Landkreis, dessen letzter Landrat, Karl Müller, ein profilierter evangelischer Mann und Kirchenvorsteher war.

Die evangelische Gemeinde in Gemünden war anfangs sehr klein. Noch 1884 zählte man erst 13 schulpflichtige evangelische Kinder. Der Religionsunterricht wurde während dieser Zeit von Partenstein und Burgsinn aus erteilt. Nach der Errichtung des Exponierten Vikariats Lohr a. Main im Jahre 1891 wurde diesem die Seelsorge an den Gemündener Evangelischen über-

Eine der vielen schönen Gassen in Gemünden.
*Foto: Horst Rodius*

tragen. Ein Antrag des Dekanates Waizenbach, damals mit seinem amtierenden Dekan in Burgsinn, den Saal des Distriktkrankenhauses für evangelische Gottesdienste zur Verfügung zu stellen, wurde jedoch abgelehnt.

Nach längerem Suchen konnte 1895 der erste evangelische Gottesdienst im Saal des Hotels „Deutscher Kaiser" gehalten werden, und es wurden zwölf Gottesdienste pro Jahr genehmigt.

1908 wurde Gemünden Filialkirchengemeinde von Partenstein. Schon ein Jahr später erfolgte die Grundsteinlegung der Christuskirche, deren Einweihung am 24. Juni 1910 gefeiert wurde. Im gleichen Jahr wurde Gemünden Exponiertes Vikariat mit eigenem Kirchenvorstand. Am 10. Juli 1950 konnte endlich ein eigenes Pfarrhaus eingeweiht werden. Dessen Einweihung nahm der damalige bayerische Landesbischof Dr. Hans Meiser aus München vor. 1951 wurde Gemünden, das durch den Zustrom von zurückgekehrten Heimatvertriebenen viele evangelische Neubürger erhalten hatte, eine evangelische Pfarrei. Sie umfasste rund 1000 Gemeindeglieder in der Stadt und der näheren Umgebung. Die Nachkriegszeit war geprägt von einer spürbaren Ablehnung der evangelischen Neubürger durch einen Teil der katholischen Bevölkerung, und die evangelischen Kinder wurden einige Jahre lang in einer evangelischen Konfessionsschule unterrichtet.

Die Ruine Scherenberg grüßt hoch über Gemünden die Ruderer auf der Saale.
*Foto: Horst Rodius*

## GEMÜNDEN

Die Christuskirche wurde im Jahr 1987 außen, im Jahr 1993 im ursprünglichen Jugendstil innen renoviert.
*Foto: Luise Deubel*

Ein Wandteppich der Künstlerin Eva Vajce gibt seit 1997 dem Innenraum der Christuskirche eine besondere Note. Er stellt Jesu Rede über das Sorgen in Matthäus 6, 26–34 („Seht die Vögel unter dem Himmel an …") dar.

In den 1990er Jahren wuchs die Gemeinde. Durch ein Übergangswohnheim in Gemünden erfuhr die Stadt einen steten Zustrom von Aussiedlern aus dem Gebiet der ehemaligen Sowjetunion. Viele von ihnen waren evangelisch oder ließen sich in der evangelischen Kirche taufen, so dass die Gemeinde im Jahr 2000 etwa 1680 Gemeindeglieder zählte.

Die sehr unzureichenden Möglichkeiten der Gemeindearbeit wurden durch den Bau eines Gemeindehauses erheblich verbessert. Am Himmelfahrtstag, am 1. Juni 2000, wurde es durch den Regionalbischof Dr. Ernst Bezzel eingeweiht.

Evangelische Gottesdienste gibt es heute in der Christuskirche, im Altenheim und in der Main-Spessart-Klinik.

THOMAS SCHWEIZER, *Pfarrer*

# Geroda

*Geroda liegt am Südabhang der Schwarzen Berge, den Vorbergen der Rhön.*

Die politische Gemeinde Markt Geroda besteht seit der Gebietsreform aus den Ortsteilen Geroda, Platz, dem Weiler Seifertshof und dem Karl-Straub-Haus des Rhönclubs Würzburg auf dem Farnsberg. Der größere Ortsteil, Geroda, liegt am Südabhang der Schwarzen Berge. Geroda wird von der Thulba durchflossen, die bei Hammelburg in die Fränkische Saale mündet. Der Gemeindeteil Platz ist auf einer Ebene über Geroda unterhalb der Platzer Kuppe lang hingebreitet. Geroda und Platz, zwischen Bad Brückenau und Bad Kissingen liegend, werden von der B 286 durchzogen, die zum Autobahnanschluss der A 7 Bad Brückenau-Wildflecken führt.

■ **Zur allgemeinen Geschichte der Ortsteile**

Ein Geroda wird erstmals 1167 erwähnt; die entsprechenden Quellen beziehen sich aber mit großer Wahrscheinlichkeit nicht – wie bisher allgemein angenommen – auf unser Geroda, sondern auf eine Ansiedlung gleichen Namens bei Jossa, die inzwischen zur Wüstung geworden ist. Unser Geroda könnte aber – wie die gleichnamige Wüstung – etwa um 1150 gegründet worden sein, wenn der Ort in dem allgemeinen Rahmen der Besiedelung unserer Gegend keine Ausnahme bildet.

Die erste urkundlich gesicherte Nachricht über unser Geroda stammt aus dem Hennebergischen Lehenbuch von 1317: Heinrich und Johann von Erthal hatten von den Hennebergern den Zehnten u. a. zu Gerrode inne. Im 14./15. Jahrhundert muss ein Wechsel in der Landesherrschaft erfolgt sein: Statt zu Würzburg gehört der Ort nun zu Fulda. Lehensträger sind die Mitglieder der Adelsfamilien Küchenmeister, Steinau genannt Steinrück, Kollenberg, Bibra und Thüngen. Zu Beginn des 17. Jahr-

Kirche zu Geroda.
Foto: Hans Stenzel

hunderts ging Geroda von den von Thüngen und von Bibra an die von der Tann über, von denen Geroda 1692 zusammen mit der Herrschaft Römershag (als fuldisches Lehen) an Fulda verkauft wurde. 1803 gelangte Geroda an das Fürstentum Oranien-Nassau, 1806 stand es direkt unter französischer Administration, 1809 wurde es dem Herzogtum Frankfurt einverleibt, 1813 wurde es von Österreich verwaltet, 1816 kam es schließlich an Bayern.

Platz wird ebenfalls erstmals 1317 erwähnt: Henneberg als Landesherr hatte halb Platz an Hartung von Elspe (= Oberelsbach) verliehen, es bleibt aber dunkel, wem die andere Hälfte gehörte. Wahrscheinlich wurde der Ort kurz danach wüst. Zu Beginn des 16. Jahrhunderts wurde Platz, beginnend von Geroda aus, nochmals begründet, wahrscheinlich durch seine adeligen Besitzer, die Thüngen bzw. deren Vorgänger. Auch Platz gehörte zu dieser Zeit halb zu Fulda. Die andere Hälfte war Eigengut der Junker von Steinrück/Thüngen, auch die von Erthal besaßen als hennebergisches Lehen wohl den halben Zehnt auf dem Grabfeld (bis 1805). Ab 1618 ging Platz an die von Erthal über, die es bis 1661 ganz in Besitz hatten. Die von Erthal verkauften Platz ab 1661 in verschiedenen Partien, die durch Erbauseinandersetzungen entstanden waren, an das Juliusspital Würzburg, bis dieses 1714 Alleinbesitzer wurde. Platz kam schon 1803 an Bayern, wurde 1806 dem Großherzogtum Würzburg zugeschlagen und ist seit 1814 bayerisch.

■ **Zur Geschichte der Pfarrei**

Geroda lag zur Zeit seiner Entstehung innerhalb der Grenzen des Salzforstes und damit im Bischofssprengel der Würzburger Bischöfe. Bischof Otto von Wolfskehl löste nach einer Urkunde von 1345 die hiesige Kapelle, in der wohl bereits ein ständiger Kaplan seinen Dienst versehen hatte, von ihrer Mutterpfarrei Brend (Brendloren-

Die Gerodaer Orgel wurde 1805 vom Stift Hünfeld erworben.
*Foto: Hans Stenzel*

zen bei Bad Neustadt/Saale) und erhob sie zur selbstständigen Pfarrkirche. Die Pfarrei Geroda blieb bis 1497 unmittelbar den Würzburger Bischöfen unterstellt

Nun verlieh Bischof Lorenz von Bibra das Patronatsrecht an der Pfarrei Geroda (nachfolgend häufig als Würzburger Lehen bezeichnet) an Valentin von Bibra. Die Pfarrei war „an die sechzig Jahre unversehen und unversorgt gewesen". Von den Bibra ging das Kirchenrecht zu Beginn des 17. Jahrhunderts an die von der Tann über.

Im Jahr 1550 führte Hans von Bibra die Reformation in der Pfarrei Geroda ein; er und seine Familie ließen sich aber trotzdem weiterhin vom Würzburger Bischof mit der Pfarrei belehnen. Das hatte zwar den Nachteil, dass das Bistum Würzburg weiterhin das Obereigentum besaß, schützte aber gleichzeitig vor Begehrlichkeiten Fuldas. Beim Verkauf des von der Tannschen Besitzes (Gut Römershag einschließlich Geroda u. a.) an Fulda 1692 konnte das inzwischen dem Inhalt nach geänderte „Würzburger Lehen" nicht veräußert werden, da Würzburg seine Zustimmung verweigerte. So blieben die von Tann bis 1802 Kirchenherren der Pfarrei Geroda: Nach der Allodifikation (Umwandlung des Lehnsgutes in eigenen Besitz) konnten die von der Tann schließlich auch das Kirchenrecht an Fulda verkaufen. Geroda gehörte nun im Bistum Fulda zum Landdekanat „ad tractum Salae". Seitdem gleicht die weitere Zuordnung der Pfarrei Geroda/Platz nach dem Übergang an Bayern (1803 bzw. 1816) der anderer evangelischer Gemeinden (Inspektion/Dekanat Gersfeld, Waizenbach, Lohr).

Über die kirchliche Stellung von Platz ist aus der Gründungs-

Taufstein von 1600 mit Erntekrone.
Foto: Waltraud Schneider

und Wüstungszeit nichts bekannt. Der erste Nachweis der Zugehörigkeit zur hiesigen Pfarrei stammt aus der Reformationszeit: Im so genannten „Vereinigungsbrief" von 1548 der Orte Geroda und Platz verpflichteten sich die Platzer, sich an den Aufwendungen für Kirche und Pfarrei ebenso wie die Gerodaer zu beteiligen. Dadurch wurden sie nicht Filialisten, sondern wahre Pfarrkinder. Da in Platz und Geroda nach der Reformation unterschiedliche weltliche Mächte herrschten, die ebenfalls Ansprüche auf das Kirchenrecht geltend machten, folgte eine Reihe von Streitigkeiten und Querelen. Doch blieben die von der Tann auch in Platz – wenn auch mit deutlich verminderten Befugnissen – im Besitz der Kirchenrechte. Geroda und Platz blieben bis heute in einer Kirchengemeinde vereint.

Neben Geroda und Platz gehören heute zum Sprengel der Pfarrei Geroda außerdem noch die überwiegend katholischen Orte Schondra, Breitenbach und Mitgenfeld. Der 1698 gegründete Seifertshof wurde zwar von Anfang an von Evangelischen bewohnt, war aber zur Pfarrei Oberthulba gerechnet worden. Seit 1812/1813 gehört er auch offiziell zur Pfarrei Geroda.

■ **Zur Baugeschichte**

Geroda und Platz begruben ihre Toten in den Pestzeiten des 17. Jahrhunderts bereits auf Friedhöfen außerhalb der Dörfer. Seit dem Beginn des 19. Jahrhunderts liegen an den gleichen Stellen die heutigen Gemeindefriedhöfe.

Die ehemalige Begräbnisstätte, der Kirchhof um die Kirche, wird noch heute von einer ovalen Mauer umgeben, die aber stark abgetragen wurde. Ihre eigentliche Höhe lässt sich noch am Anschlussstück an den Pfarrhof erahnen. Diese Mauer diente in der Frühzeit Gerodas – zusammen mit dem in seinen Untergeschossen erhaltenen gotischen Chorturm (um 1345) – als Wehranlage. Pfarrhof und Kirchhof sind durch ein gotisches Pförtchen mit der Jahreszahl 1577 verbunden.

Das heutige Aussehen der Kirche wird durch zwei wesentliche Baumaßnahmen bestimmt: Auf dem Platz von mindestens zwei Vorgängerbauten wurde 1862 das heutige Langhaus errichtet. 1920 wurde der Kirchturm nach einem Brand von 1915 um ein Stockwerk erhöht und wieder eine Pyramide aufgesetzt.

Als Ende der 1970er Jahre die Kirche renoviert werden musste, war beim Denkmalschutz gerade „Purifizierung" (Bereinigung) in Mode – und auch in Geroda wurde gründlich ausgeräumt und umgebaut. Im Jahr 1990 konnte dann wenigstens der dabei zugemauerte Chorraum – mit dem Turm das älteste Wahrzeichen der Gerodaer

Geschichte – wieder geöffnet und in den Gottesdienstraum mit einbezogen werden. Im Jahr 2002 wurden die schweren Feuchtigkeitsschäden und deren Ursache behoben und der Innenraum mit hellen, warmen Farben neu gestaltet.

Nachdem Mitte der 1990er Jahre schon das Gemeindehaus, die ehemalige Synagoge, weitgehend in Eigenleistung ausgebaut wurde, stehen für das rege Gemeindeleben räumlich sehr gute Möglichkeiten zur Verfügung.

■ **Kirchenheilige**

Ursprünglich, d.h. für Geroda 1345, wurde von den Pfarreien das Kirchweihfest am Jahrestag der Einweihung der Pfarrkirche gefeiert. Bis zum Jahre 1804 beging man in Geroda als Tag der Kirchweih den Sonntag nach Maria Himmelfahrt (15. August). 1841 berichtete der Pfarrer an das Dekanat: Ob dieser Tag „aber der Tag der ursprünglichen Einweihung gewesen sei, kann wegen Mangels an Nachrichten nicht angegeben werden". Nach den Unterlagen des Archidiakonats Münnerstadt (vor 1520), als dieses Anspruch auf Zugehörigkeit der Pfarrkirche Geroda „BMV (Ass) = Patrozinium Mariae" zu seinem Bezirk erhob, lässt sich belegen, dass die Kirche in Geroda (mindestens noch im 16. Jahrhundert) eine Marienkirche war. Auch die älteste erhaltene Glocke

Die Glocke wurde um 1345 gegossen und stammt damit aus der Gründungszeit der Kirche.
Foto: Hans Stenzel

(um 1345) lässt auf eine Marienverehrung schließen.

Bereits seit 1764 sind Bemühungen von Seiten Würzburgs und Fuldas nachzuweisen, alle Kirchweihen an einem Tag, nämlich dem 1. Sonntag nach Martini (11. November) im Monat November zu halten. Den von der Tann gelang es offenbar als Inhaber des Kirchenrechtes, diese Terminänderungen zunächst zu verhindern. Nach dem Verkauf der Kirchenrechte (1802) wurde hier die Kirchweih ab 1804 immer an Terminen um Martini gehalten.

Zusammenfassend lässt sich sagen, dass die Mutterkirche in Brend eine Martinskirche war. Für ein altes Martins-Patrozinium in Geroda lässt sich entgegen anderer Darstellungen kein Hinweis finden. Die Verlegung der Kirchweihtermine seit der Zeit um den Beginn des 19. Jahrhunderts steht in keinem kirchlichen Zusammenhang mehr. Bestenfalls könnte man die heutige Kirche deshalb als Martinskirche ansprechen, weil dem Langhaus „am 9. Nov. 1862 die kirchliche Weihe gegeben werden konnte".

### ■ Besonderes Inventar

Bis 1951 läutete eine *Glocke* aus der Gründungszeit der Kirche um 1345. Sie trägt als Umschrift in gotischen Majuskeln: AVE MARIA GRACIA PLENA DOMINUS TECUM (Gegrüßet seist du, Maria, voll der Gnade, der Herr ist mit dir).

Als erster evangelischer Pfarrer wirkte in Geroda Valentin Zwickler zwischen 1558 und 1603. Von ihm stammt das erste *Kirchenbuch*. Es enthält die Trauungen (1558–1714), Taufen (1558–1714) und Beerdigungen (1603–1713) und bildet zusammen mit den anderen Akten des Pfarrarchivs (im Landeskirchlichen Archiv in Nürnberg und Regensburg) eine bedeutsame Quelle für die Heimatforschung.

Der *Taufstein* in der Pfarrkirche trägt auf einem Schaft mit zwei kräftigen Wulstgurten eine runde Schale aus Sandstein mit der Jahreszahl 1600. Nachdem das zinnerne Taufbecken 1825 gestohlen worden war, stiftete 1836 die Mutter des damaligen Pfarrers, Kriminalrätin E. W. Dörfler, das heute noch erhaltene Becken (Beschriftung auf dem Rand: E W D 1831).

Die Pfarrei besitzt einen auf 1670 datierten *Abendmahlskelch* in vergoldetem Silber mit einem Würzburger Beschauzeichen. Am Sechspassfuß ist das Ehewappen des Freiherrn Friedrich von der Tann und seiner Gemahlin Susanna Heußlein von Eußenheim (verh. 1640) eingraviert, umgeben von den Buchstaben: F.V.D.T. S.B.V.D. T.G.H.V.E. (= Friedrich von der Tann Susanna Barbara von der Tann, geb. Heußlein von Eußenheim).

Die Gerodaer *Orgel* stammt aus der Kirche des durch die Säkularisation aufgehobenen Stifts Hünfeld und war nur wenige Jahre vorher dort gebaut worden. Nach der Meinung von Fachleuten ist die Gerodaer Orgel die mit Abstand älteste erhaltene Denkmalorgel des Raumes Brückenau.

Das gute Miteinander im Dorf wird besonders bei festlichen Anlässen deutlich, wenn die Mitglieder des Gemeinderats und des Kirchenvorstands, der Vereine und der neu gegründeten Trachtengruppe gemeinsam an der Kirchenparade teilnehmen. Die musikalische Ausgestaltung übernimmt dabei schon seit Jahrzehnten in hervorragender Weise das Jugendblasorchester Scholz.

KARL FLOTH

# Gräfendorf

*Zur Pfarrei Gemünden gehört seit 1973 die Kirchengemeinde Gräfendorf mit den Außenorten Schonderfeld und Wolfsmünster.*

Bis 1920 wurde Gräfendorf vom Dekanat Dittlofsroda betreut, danach vom Dekanat Waizenbach. Da dieses keinen eigenen Pfarrer mehr hatte, kam die Kirchengemeinde 1973 zu Gemünden.

Sowohl Gräfendorf als auch Wolfsmünster sind als ehemaliger Thüngenscher Besitz in der Reformationszeit früh evangelisch geworden. Eine vielbeachtete Synode, die eine eigene Kirchenordnung für die Thüngenschen evangelischen Pfarreien verfasste, fand in Gräfendorf statt (s. S. 44). 1550 setzten die Herren v. Thüngen hier einen eigenen Pfarrer ein.

Als das Juliusspital Würzburg neuer Lehensherr von Gräfendorf wurde, musste der evangelische Pfarrer wieder weichen. Begin-

Die Michaelskirche wurde 1952 eingeweiht.
*Foto: Michael Wehrwein*

# GRÄFENDORF

Der Altar der Michaelskirche.
Foto: Unbekannt

nend im Jahre 1677 wurde somit wieder katholischer Gottesdienst durch einen Kaplan von Wolfsmünster gehalten.

Allen gewaltsamen Versuchen zum Trotz blieben viele ihrem evangelischen Glauben treu. Nachdem ein Teil des Ortes wieder in den Besitz der Herren v. Thüngen gelangt war, wurde diese Einstellung noch gestärkt. Die Bitten der Evangelischen, an den Osterfeiertagen die Gottesdienste im nahen Dittlofsroda besuchen zu dürfen, fanden jedoch kein Gehör. Erst 1808 wurde ein Simultaneum an der Gräfendorfer Kirche errichtet, das den Evangelischen die freie Ausübung ihres Glaubens gewährte. Bereits 1810, nachdem ein Vergleich der Rechte an der Kirche gescheitert war, wurden die Evangelischen auf Anordnung der Gutsherrschaft der Pfarrei Dittlofsroda zugeschlagen. Nun fanden regelmäßig Gottesdienste in einem Gasthaussaal und später in der Schule statt.

1952 konnte durch Oberkirchenrat Heinrich Koch aus Ansbach eine evangelische Kirche eingeweiht werden. Ein Haus neben der Kirche wurde für einen Mesner umgebaut. Eine treue Schar an Gemeindegliedern findet sich zu den Gottesdiensten ein, zu denen sich im Sommer Gäste gesellen. Heute leben evangelische und katholische Christen in einem friedlichen Miteinander im schönen Saaletal.

In den Jahren 1996/97 wurde die Michaelskirche gründlich renoviert. Seitdem erstrahlt sie in neuem Glanz.

THOMAS SCHWEIZER, *Pfarrer*

# Hammelburg

*Im weiten Saaletal zu Füßen der südlichen, mit Weinbergen verzierten Ausläufer der Rhön liegt die Stadt Hammelburg.*

Bedeutende Bauwerke wie Schloss Saaleck, das Rote Schloss, das Rathaus, die Herrenmühle sowie die Gotteshäuser geben der Stadt ein besonderes Antlitz. Moderne Bauten zeugen vom Anschluss Hammelburgs an unsere Zeit, alte Bauwerke erinnern an eine bedeutsame Geschichte.

Als Schnittpunkt ostwestlicher und nordsüdlicher Verkehrs- und Handelsstraßen besaß Hammelburg schon früh Bedeutung. Urkundlich wird der Ort als „Hamulo Castellum" 716 erstmals erwähnt. Das Dokument nennt einen Herzog Heden, der in Würzburg residierte.

In einer noch heute erhaltenen Schenkungsurkunde übereignete König Karl – der spätere Kaiser Karl der Große – am 7. Januar 777 sein Königsgut in Hammelburg samt den zugehörigen Orten Eschenbach, Diebach und Erthal dem Kloster Fulda. Der alte fränkische Königshof wurde somit südlichster Punkt der Fürstabtei Fulda mit einer besonderen strategischen und wirtschaftlichen Bedeutung. Zum Schutze von Hammelburg erbauten die Fuldaer Äbte im 12. Jahrhundert hoch über der Saale die Burg Saaleck.

Gegenüber dem Hochstift Würzburg, dem schon 741 die Martinskirche von Karlmann übergeben worden war, wurde die Befestigung der Stadt stärker ausgebaut. Durch die Karlmannsche Schenkung der Martinskirche 741 hatte das Bistum Würzburg die geistliche Zuständigkeit über Hammelburg erworben. Andererseits hatte die Schenkung des Königsgutes in Hammelburg von 777 durch Karl an das Kloster Fulda bewirkt, dass Fulda zum Landesherrn geworden war. Territoriale Herrschaft und geistliche Zuständigkeit waren somit getrennt, und diese Trennung legte den Grundstein für jahrhundertelange Auseinandersetzungen zwischen den beiden Herrschaftsbereichen Fulda und Würzburg. 1234 setzten sich die Fürstbischöfe von Würzburg in den Besitz der nahe gelegenen Trimburg. Sie bedrohten somit den fuldischen Besitz.

### ■ Von Türmen, Kirchen und dem Rathaus

Nachdem 1303 König Albrecht Hammelburg die Stadtrechte verliehen hatte, wurde der Ort zur turmreichsten südlichsten Festung Fuldas ausgebaut. Drei Tortürme – Weiher-, Ober- und Niederturm – sowie zehn Wehrtürme zierten das starke Mauerwerk. Leider sind nach dem großen Stadtbrand von 1854 etliche Mauern und Türme abgebrochen worden, um Steine für den Neubau der Stadt zu gewinnen. Heute sind nur noch drei Türme erhalten: der Hüterturm, der Mönchsturm und der Baderturm. Zum Teil sind diese Türme in baufälligem Zustand.

Im Mittelalter war Hammelburg eine stolze Stadt mit einem selbstbewussten Bürgertum. So erbauten die Bürger der Stadt 1302 als Zeichen bürgerlicher Eigenständigkeit ein Gotteshaus – die Marienkapelle. Diese stand am heutigen Viehmarkt und leider ist auch sie beim großen Stadtbrand zerstört worden. Im Gegensatz zur Marienkapelle ist die zwischen 1389 und 1461 erbaute gotische Pfarrkirche St. Johann Baptist erhalten geblieben. Sie birgt noch heute reiche Kunstschätze und zeugt so von der Frömmigkeit früherer Generationen. Aus der Zeit

Das „Rote Schloss" war bis zu Beginn des 19. Jahrhunderts Sommersitz des Fürstabtes von Fulda. Heute beherbergt es die Stadtbibliothek, den Sitzungssaal des Stadtrates und die Polizeistation.
*Foto: Peter Loewens*

stolzer Tage ist das zwischen 1524 und 1526 erbaute Rathaus sowie der schöne Renaissancebrunnen erhalten, beides Werke von Johannes Schoner.

### ■ Reformation und Gegenreformation

Schon sehr früh fand die Reformation in den Mauern der Stadt Anhänger. Mit Zustimmung der Bürgermeister und des Rates ließ man an Ostern 1524 unter Pfarrer Ruffus Kempach „die Messe fallen und predigte die Lehre des Evangeliums wider des Papstes Menschensatzungen".

Der Fuldaer Fürstabt Johann erließ aber den Befehl, den Gottesdienst wieder in der alten Form zu feiern. Pfarrer Kempach lehnte die Forderung des Abtes ab. Er wurde daraufhin 1526 seines Amtes enthoben und musste die Stadt verlassen. Die ihm folgenden Pfarrer wirkten im Sinn der alten Lehre, fanden aber bei den Bürgern der Stadt keinen Anklang.

Nachdem die öffentliche Predigt des Evangeliums verstummt war, suchte der Rat der Stadt nach Lehrern, die die Jugend „in den Grundsätzen der evangelischen Lehre unterrichten sollten". Die Schule, die der Rat mit großen Kosten errichtet hatte, wurde nun zum Träger der Reformation. Lehrer, die in Wittenberg bei Luther studiert hatten, prägten die Schüler. 1531 befahl ein bischöfliches

Steinkreuz aus dem 12. Jahrhundert vor der ehemaligen Christuskirche.
*Foto: Peter Loewens*

Schreiben, alle Neuerungen abzustellen, doch die Reformation konnte nicht länger unterdrückt werden. Der Rat der Stadt bat so 1541 den Fürstabt um die Anstellung eines Pfarrers Augsburgischer Konfession auf eigene Kosten. Noch im gleichen Jahr zog Johann Spangenberg in Hammelburg als Pfarrer auf.

Da die Arbeitslast für einen Pfarrer zu groß war, beschloss der Rat, einen zweiten Pfarrer anzustellen. Eine Abordnung reiste nach Wittenberg, um einen Prediger, einen Schulmeister, einen Kantor und einen Stadtschreiber für Hammelburg zu gewinnen. Melanchthon schlug brieflich Friedrich Bachof aus Leipzig als Pfarrer vor. Auf Kosten der Stadt konnte Bachof an Ostern 1543 seinen Dienst in Hammelburg aufnehmen. Unter ihm wurden Kirchen- und Schulwesen sehr gefördert.

Ein Gymnasium, an dem drei Lehrer wirkten, gewann in der darauf folgenden Zeit über die Grenzen der Stadt hinaus Bedeutung. Zeitweise hatte diese Schule über 200 Schüler. Für die Bürger der Stadt wurde eine öffentliche Bibliothek angelegt, für die auch Buchdrucker Frobenius – ein Sohn der Stadt – zahlreiche Bücher schickte. Gleichfalls wurde die Wittenberger Kirchenordnung eingeführt.

Aus dieser Zeit ist ein Brief Luthers an den Rat erhalten. Er wurde an Pfingsten 1545 abgefasst und ist gerichtet an „den Ehrbaren und weisen Herrn Bürgermeister und Rat zu Hammelburg, meinen günstigen, guten Freunden". Dieser Brief gibt Zeugnis von den regen Beziehungen zwischen Hammelburg und Wittenberg.

An den Namen eines Mannes aus Hammelburg soll hier besonders erinnert werden – an Pfarrer Georg Horn. Von 1567 bis zu seinem Tode 1603 versah er in Hammelburg den Dienst als Pfarrer. Bekannt sind seine Weinbaupredigten, in denen er das menschliche Leben mit dem Weinbau verglich. Eine von ihm mit großem Fleiß aufgeschriebene geschichtliche Darstellung der Reformation harrt bis heute noch des Druckes.

Nach einer wechselvollen Geschichte, nach zähem Ringen um das Hammelburger Gebiet zwischen dem Würzburger Fürstbischof Julius Echter von Mespelbrunn und seinem Gegner, dem Fuldaer Fürstabt Balthasar von Dernbach, stand am Ende der Sieg des Fürstabtes. Mit ihm wurde die Gegenreformation in der Stadt eingeleitet. Im Jahre 1603 musste

In der Kapelle des Carl-von-Heß-Krankenhauses in Hammelburg findet freitags ein evangelischer Gottesdienst statt.
*Foto: Unbekannt*

der evangelische Pfarrer Dilesius, kurz nachdem er seinem Amtsbruder Horn die Leichenpredigt gehalten hatte, die Stadt verlassen. Allen evangelischen Amtsleuten wurde der Dienst aufgekündigt.

Der Rat der Stadt versuchte zu erreichen, dass die evangelischen Pfarrer in der Stadt bleiben durften, doch es gelang den Ratsmitgliedern nicht, ihre Forderung durchzusetzen. Die Gegenreformation wurde zügig durchgeführt. 120 Familien verließen 1604 die Stadt, sie siedelten sich in Kitzingen, Schweinfurt, Ansbach und in anderen Orten an. Hammelburg verlor seine Stellung als Festung des Luthertums im Frankenland, die geistigen Beziehungen zu Wittenberg waren beendet.

St. Michaelskirche in der Friedrich-Müller-Straße.
Foto: Robert Rüster

■ **Neuanfang im 19. Jahrhundert**

Nach dieser wechselvollen Geschichte in der Reformations- und Gegenreformationszeit lebte erst 1866 wieder eine evangelische Frau in den Mauern der Stadt; sie war mit einem Mann katholisch verheiratet. 1890 werden 42, 1895 bereits 70 evangelische Bürger genannt, die von dem Pfarrer in Waizenbach kirchlich betreut wurden. Durch den Zuzug von Eisenbahnerfamilien erhöhte sich die Zahl der evangelischen Kinder. Für sie wurde mit Genehmigung der königlichen Generaldirektion im Wartesaal II. Klasse des Bahnhofs einmal wöchentlich evangelischer Religionsunterricht eingerichtet.

Die kleine Gemeinde traf sich zu ihren Gottesdiensten in einem Privathaus am Viehmarkt, in dem sie einen Betsaal einrichtete. Dieser Betsaal hatte eine Abmessung von sieben Metern in der Länge und acht Metern in der Breite. Er befand sich im ersten Stock des Hauses 230 $\frac{1}{2}$ am Viehmarkt, das später die Bezeichnung „Am Viehmarkt 1" erhielt. Hier fand am 28. Januar 1894 der erste evangelische Gottesdienst nach der Gegenreformation statt. Der Besitzer des Hauses war katholisch und richtete den Raum auf eigene Kosten her. Der Mietzins betrug 150 Mark jährlich. Mit staatlicher und kirchenaufsichtlicher Genehmigung wurden in den folgenden Jahren jähr-

Frohes Spiel im Evangelischen Kindergarten St. Michael.
*Foto: Gisela Röhner*

lich zehn Gottesdienste mit vier Abendmahlsfeiern gehalten. Die Zahl der Gottesdienste wurde 1910 auf 15 pro Jahr erhöht.

Bereits 1895 stellte die kleine Gemeinde einen Antrag an das Oberkonsistorium auf Errichtung einer Hilfsgeistlichenstelle. Obwohl diese Stelle genehmigt wurde, konnte sie wegen Personalmangels erst nach dem Ersten Weltkrieg 1920 besetzt werden. Doch bereits 1910 wurde ein Exponiertes Vikariat errichtet. Die Gemeinde war inzwischen auf 138 Glieder angewachsen. 1924 wurde das Vikariat Tochterkirchengemeinde von Waizenbach.

Schon 1900 hatte die kleine evangelische Gemeinde weitsichtigerweise ein Grundstück vor den Toren der Stadt erworben, um hier später ein Pfarrhaus und einen Betsaal zu errichten. Dieser Wunsch konnte 1927/28 verwirklicht werden. 25 Jahre lang wurden in dem Gebäude – heute Berliner Straße 2 – Gottesdienste abgehalten.

Am 16. Januar 1950 wurde die Tochterkirchengemeinde Hammelburg zur selbstständigen Pfarrei erhoben. Ihr erster Pfarrer wurde Walter Meister. Unter großen Opfern wurde unter Einbeziehung des alten Betsaales an das Pfarrhaus die Christuskirche angebaut. In einem feierlichen Gottesdienst konnte sie am 23. November 1953 eingeweiht werden. Das Bauholz schenkten die Freiherren von Thüngen. Ein ansehnlicher Geldbetrag wurde vom Gustav-Adolf-Werk der Diasporagemeinde zur Verfügung gestellt.

Eine kleine Glocke rief zu den Gottesdiensten. Neuere Forschungen haben ergeben, dass das Glöckchen der Heiligen Lucia geweiht war. Es stammt sehr wahrscheinlich aus einem früheren Servitessenkloster im Raum Köln, das 1857 niedergelegt wurde. Da es laut Inschrift im 15. Jahrhundert gegossen wurde, ist es heute die älteste Glocke Hammelburgs.

### ■ Die St. Michaels-Kirche

Schon bald konnte dieses Gotteshaus die Besucher nicht mehr fassen. Hammelburg wurde Standort der Bundeswehr, die Seelenzahl der Pfarrei mehrte sich dadurch rasch. Am 25. März 1962 wurde unter Pfarrer Theodor Leitner der Grundstein zu einer neuen Kirche gelegt – der St. Michaels-Kirche. Architekt war Olaf Gulbransson, der die Vollendung des Baues leider nicht mehr erleben konnte. Am 30. Juni 1963 wurde die Kirche eingeweiht.

Die St. Michaels-Kirche weist einige architektonische Besonderheiten auf. So erhielt sie eine geschwungene, freitragende Dachkonstruktion, die innen mit Holz verkleidet wurde. Die Kirche hat einen quadratischen Grundriss von 18 mal 18 Metern und eine diagonale Ausrichtung auf Altar, Kanzel und Taufstein. Sie ist außen mit rotem Sandstein verkleidet, während im Inneren die Betonwände so aufgerauht sind, dass der grobe Kies mit seinen verschiedenen Farbtönen zur vollen Geltung kommt.

Der schlanke Kirchturm ist rund 40 Meter hoch. Er trägt vier Glocken. Die Dächer von Kirche und Turm sind mit Kupfer gedeckt. Ein fein gearbeitetes Turmkreuz und die mit Reliefs versehenen Bronzetüren sind besonderer Beachtung wert. Ein neun Meter hohes, aus bunten Steinen zusammengesetztes Mosaik wurde von Arno Bromberger, Fachlehrer an der Kunstakademie in München, gestaltet. Es stellt nach der Offenbarung Johannes 21 das himmlische Jerusalem dar. Somit hat die evangelische Kirchengemeinde mit der St. Michaels-Kirche für ihre Gottesdienste ein modernes und würdiges Bauwerk. Ein Kindergarten und ein Mesnerhaus wurden in der Folgezeit in harmonischer Weise an das Gotteshaus angebaut.

## ■ Heutiges Gemeindeleben

1973 konnte die Christuskirche zu einem Gemeindehaus umgebaut werden, in dem die Gruppen und Kreise der Gemeinde ein Zuhause finden. Das Diakonische Werk Lohr bietet regelmäßige Beratungsstunden an. Außerdem finden im Gemeindehaus die Treffen der örtlichen Gruppe der „Anonymen Alkoholiker" statt.

Verschiedene aktive Gruppen prägen das Gemeindeleben. Ein Gottesdienstteam ist für die Vorbereitung und Gestaltung eines „Zweiten Gottesdienstprogramms" verantwortlich (Themen- und Familiengottesdienste). Musikalische Akzente setzen ein Kirchenchor und ein Flötenkreis für Erwachse-

Altarraum der St. Michaels-Kirche.
*Foto: Peter Loewens*

# HAMMELBURG

Bei einem Spaziergang durch Hammelburg gibt es viele schöne Details zu entdecken.
Foto: Horst Rodius

ne. Damit auch junge Familien in Ruhe am sonntäglichen Gottesdienst teilnehmen können, sind die Kleinsten während dieser Zeit bei einem Kinderbetreuungsteam in guten Händen. Eine Mutter-Kind-Gruppe trifft sich wöchentlich im Gemeindehaus und feiert regelmäßig auch einen Krabbelgottesdienst in der St. Michaels-Kirche. Beliebte Treffpunkte für Jungen und Mädchen von sechs bis zwölf Jahren sind die „Michaels-Kinder-Kirche" (MiKiKi) und das „Kinderfest der Kirchenmäuse", die von je einem Mitarbeiterteam aus Jugendlichen und Erwachsenen vorbereitet und gestaltet werden. Ein Besuchskreis für Seniorengeburtstage und Neuzugezogene fördert den Zusammenhalt in der Gemeinde. In zwei Frauenkreisen können Frauen jeden Alters regen Gedankenaustausch pflegen und besondere Aktionen planen und vorbereiten (z. B. Eintopfessen für „Brot für die Welt"). Der von einem Redaktionsteam gestaltete Gemeindebrief erreicht alle zwei Monate die Gemeindeglieder. Er ist eine wichtige Klammer für die 24 Ortschaften der weit verzweigten Diasporagemeinde.

Zurzeit gehören der Gesamtgemeinde etwa 2400 Seelen an. Gemeinsam mit Pfarrer und Militärpfarrer arbeiten eine Katechetin, zwei Erzieherinnen, zwei Kinderpflegerinnen, eine Mesnerin, eine Pfarramtssekretärin, zwei Organistinnen sowie zahlreiche ehrenamtliche Kräfte in der Gemeinde mit.

---

HANS-JOACHIM BAUMGART, *Dekan i. R.*, HANS TRIEBEL, ROBERT RÜSTER, *Pfarrer*

# Heiligkreuz

*Im lieblichen Schondratal, eingebettet in die Berge der Rhön, liegt das kleine Dorf Heiligkreuz.*

Foto: Udo Molinari

Heiligkreuz zählt zu den ältesten Orten der Region. Der Name deutet auf einen Wallfahrtsort hin, der in alten Karten zusammen mit dem Volkersberg bei Bad Brückenau und dem Kreuzberg – dem heiligen Berg der Franken – festgehalten ist.

Das schlichte, aber eindrucksvolle Kirchlein stammt aus dem 12. Jahrhundert. Mönche des Klosters Fulda haben es erbaut. Ein romanischer Chorbogen, eine reich verzierte Orgel und eine gute Akustik prägen das Gotteshaus.

Wo im 16. Jahrhundert über 300 Einwohner lebten, sind es heute nur noch 70. Die Bewohner hatten es jahrhundertelang nicht leicht. Auf den steilen Hängen erlaubte die Landwirtschaft nur ein kärgliches Auskommen. Die meisten verdingten sich deshalb als Waldarbeiter bei den Herren v. Thüngen.

Noch heute werden die Glocken vom Chorraum von Hand geläutet. Die kleine und älteste Glocke stammt von 1510 und enthält in spätgotischen Minuskeln den Anfang des Vaterunsers. Die zweite Glocke wurde 1950 mit der alten Umschrift „Allein Gott in der Höh sei Ehr" nachgegossen. Aus dem gleichen Jahr stammt die größte Glocke mit der Aufschrift „Oh Land, Land, Land, höre des Herrn Wort". 1873 wurde die Kirche erneuert, 1970 renoviert und 1999/2000 gründlich saniert.

Urkundlich erwähnt wird Heiligkreuz erstmals 1167 als Ort mit einer Kapelle zum „Heyligen Kreuz". Diese gehörte zum Kloster Schlüchtern.

ALBERT REBHAN

# Heßdorf

*Urkundlich wird der Ort erstmals 1158 als „Hessidorf" genannt. Er dürfte aber wie Höllrich und die Nachbarorte deutlich älter sein.*

Der Ortsname deutet auf eine Einzelgründung hin: Dorf des Hessi. Dieser soll der Stammvater eines aus Ostfalen stammenden Grafengeschlechtes im Saalgau gewesen sein. Nach dem Untergang des Hessonischen Grafengeschlechtes im 10./11. Jahrhundert dürften die Henneberger wie in Höllrich an deren Stelle getreten sein. Das Rittergeschlecht von Thüngen baute 1331 die Reußenburg und 1335 die Sodenburg und prägte die Geschicke der beiden Dörfer über viele Jahrhunderte. Durch Kauf und Vererbung gelangten das Rittergut Reußenberg-Heßdorf später an die von Tann, Butlar, Wangenheim und Schenk von Schweinsberg. Erst ab 1741 war Heßdorf wieder ganz in den Händen derer v. Thüngen. Wie in Höllrich stritten auch die Heßdorfer über 200 Jahre wegen ihres Waldes mit den Thüngen. Der entsprechende Prozess wurde vor dem Reichskammergericht in Wetzlar geführt. 1783 marschierten die Heßdorfer Bauern Langer und Neun nach Wien, um dort das höchste kaiserliche Gericht anzurufen. Für Aufsehen sorgte 1919 auch die „gewaltsame Erkundung" des Thüngenarchivs in Zeitlofs.

In Heßdorf gab es bis zu ihrer Auflösung in der Nazizeit eine

Die Kirche in Heßdorf wurde von 1741 bis 1744 erbaut.
*Foto: Robert Weber*

größere jüdische Gemeinde, die im 19. Jahrhundert mit bis zu 40 Prozent Bevölkerungsanteil die drittgrößte in Unterfranken war. Über zwei Jahrhunderte lebten hier Christen und Juden in Frieden neben- und miteinander. Eine Gedenktafel in der Ortsmitte weist mahnend auf die 1938 in der Reichspogromnacht zerstörte Synagoge hin. Das gut erhaltene jüdische Schulhaus in der Fußgasse erinnert an eine ehemals blühende jüdische Landgemeinde.

Zur Reformationszeit erfuhr Heßdorf das gleiche Schicksal wie Höllrich. Seither bilden Heßdorf und Höllrich als selbstständige Kirchengemeinden eine kombinierte evangelische Pfarrei. Zur Kirchengemeinde Heßdorf gehört auch der Nachbarort Karsbach, der sich heutzutage durch Zuzüge stetig vergrößert.

König David mit seiner Harfe – eine Figur auf der Orgel in Heßdorf.
Foto: Robert Weber

## ■ Die Kirche mit der Orgel und Davids-Figur

Die Kirche in Heßdorf liegt auf einer Anhöhe in der Mitte des Dorfes. Ihre Bauzeit von 1741 bis 1744 ist auf Grund der Kirchenstiftungsrechnung bekannt. Im Inneren des Gotteshauses sind im Altarraum zwei alte Grabsteine zu sehen. Von besonderer Bedeutung und Schönheit ist die Orgel, die umgeben ist von einem geschnitzten Gehäuse, in dessen Mitte König David mit seiner Harfe dargestellt ist. Die Orgel ist um die Mitte des 18. Jahrhunderts erbaut worden. Sie war zu ihrer Zeit ein hervorragendes Instrument und erklingt seit ihrer Restauration im Jahre 1976 wieder in voller Schönheit. Nach Abschluss umfangreicher Renovierungsarbeiten feierte die Kirchengemeinde 1995 ihr 250-jähriges Kirchweihfest im nunmehr sehr gut restaurierten Gotteshaus. Die alte Schule neben der Kirche wird seit 1992 für Gemeindeveranstaltungen genutzt.

ROBERT WEBER, *Pfarrer*

# Höllrich

*Die Herleitung des Namens Höllrich ist nicht eindeutig. Eine Ableitung von hel = Hölle ist unwahrscheinlich, da der Ortsname schon 1228 n. Chr. mit Holdere wiedergegeben ist. Demnach ist Höllrich ein Ort, wo viel Holunder wächst.*

Die Gemarkung Höllrich und der nächste Umkreis waren bereits vor Christi Geburt besiedelt. Das beweisen Gräberfunde bei Gössenheim aus der Urnenfelderzeit (1200–700 v. Chr.) und bei Höllrich, Bonnland, Seifriedsburg aus der Vorkelten-Hallstattzeit (700–450 v. Chr.). Um den Ort Karsbach, dem Höllrich wie auch Heßdorf heute in einer Verwaltungsgemeinschaft angeschlossen sind, bildete sich um 838 ein Königsgut, das die Nachbarorte Gössenheim, Sachsenheim und Heßdorf umfasste. Zu diesem Königshof gehörte auch Höllrich. 1189 wird Höllrich als Holderich in einer Schenkungsurkunde des Grafen von Rieneck erwähnt. Nach 1228 wird der Ort Holdere dominicale genannt, als der Henneberger Otto v. Hildenburg seine Güter und Lehen in Höllrich dem Bistum Würzburg zu Lehen auftrug.

Anfangs gehörte Höllrich mit Heßdorf zu der Urpfarrei Eußenheim-Aschfeld. Wahrscheinlich wechselten sowohl Höllrich als auch Heßdorf als Filialen für kurze Zeit nach Karsbach, bis Höllrich im 15. Jahrhundert selbstständige Pfarrei wurde. Dafür werden zwei unterschiedliche Jahreszahlen genannt, 1448 und 1477. Entscheidend für die weitere kirchengeschichtliche Entwicklung war jedoch die Herrschaft des Rittergeschlechts der Herren von Thüngen von 1331–1803. Auf sie geht die Einführung der Reformation in Höllrich, Heßdorf und anderen Orten zurück. Otto Wilhelm von Thüngen gilt als der Reformator von Höllrich-Heßdorf. Er war 1544 Student in Wittenberg und stand in regem Austausch mit Melanchthon. Auch wenn Höllrich-Heßdorf mit Caspar Schmidt erst ab 1562 seinen ersten evangelischen

Pfarrer erhielt, ist der Beginn der Reformation schon früher anzusetzen, möglicherweise schon mit dem Tod des Vaters von Otto Wilhelm von Thüngen im Jahr 1551.

Die Kirche in Höllrich ist auf leicht erhöhtem Platz in Kleinhöllrich erbaut und war einst vom Friedhof umgeben. Dicht neben dem Gotteshaus stehen heute das Pfarrhaus und das Gemeindehaus. Die Kirche ist entsprechend ihrer Bauzeit im barocken Stil gestaltet, vereinzelt sind Anklänge an die späte Renaissance erkennbar. Sie ist sehr weiträumig und bietet mit 380 Sitzen die Möglichkeit, die gesamte Gemeinde aufzunehmen. Ein Glockenturm in der Art eines Dachreiters belebt das einfach gestaltete Pultdach.

Vor 1477 stand in Höllrich bereits eine Pfarrkirche, deren Baujahr unbekannt ist. Wahrscheinlich wurde sie aber um 1450 errichtet. 1706 erhielt das Gotteshaus durch Umbau die heutige Gestalt. Von historischem Rang ist vor allem die große alte Weihnachtsglocke aus dem Jahr 1487, die zu den ältesten Glocken in der Region zählt. Der Taufstein mit seinem tiefen Tauchbecken gleicht einem großen Kelch, der von einem Zierband umschlossen wird, das mit dem Wappen der „von der Tann" und der „von Thüngen" mit der Jahreszahl 1594 geschmückt ist. Im Kirchenschiff erinnern sechs Grabsteine aus drei Jahrhunderten an einstige Herren von Höllrich und Heßdorf, wobei das Grabmal des Otto Wilhelm von Thüngen am Chorhaupt besondere Beachtung verdient.

Die Kirche wurde 1977 renoviert und befindet sich in einem guten Zustand. Das Pfarrhaus wurde auf den Grundmauern des alten Pfarrhauses von 1979 bis 1980 neu erbaut. Das ehemalige Schulgebäude neben der Kirche wurde in den vergangenen Jahren mehrfach umfangreich renoviert und bietet als Gemeindehaus ausreichend Platz für vielfältige kirchliche Veranstaltungen.

Die um 1450 errichtete Kirche in Höllrich wurde 1706 umgebaut.
*Foto: Robert Weber*

# HÖLLRICH

Blick in das Innere der Kirche von Höllrich.
Foto: Pfarramt

Zur Kirchengemeinde Höllrich gehört auch der Nachbarort Weyersfeld. Das Pfarramt Höllrich umfasst die Kirchengemeinden Höllrich (260 Gemeindeglieder), Heßdorf (250) und seit 1973 auch Weickersgrüben (70).

## ■ Krankenhaus- und Altenheim-Seelsorge

Durch Revision der Landesstellenplanung wurde die bis 1996 ganze Pfarrstelle auf eine halbe reduziert und um einen halben Dienstauftrag auf regionaler Ebene in der Krankenhaus- und Altenheim-Seelsorge in Hammelburg und Gemünden ergänzt.

In Hammelburg ist das *Carl-von-Heß-Krankenhaus* mit 146 Betten zu betreuen. Ein Schwerpunkt der Arbeit ist das Begleiten von Krebspatienten in der Onkologischen Chirurgie (49 Betten). Patientinnen und Patienten aus ganz Deutschland und den nordischen Ländern Europas suchen in dieser renommierten Spezialabteilung Hilfe. Die Seelsorgegespräche in Deutsch und Englisch wie auch die Einzelabendmahlsfeiern werden von den etwa 40 evangelischen Patienten gut angenommen. Wöchentlich findet in der ökumenisch genutzten Krankenhauskapelle ein evangelischer Gottesdienst statt. Ein ökumenischer Besuchsdienstkreis aus ehrenamtlichen Mitarbeiterinnen und Mitarbeitern übernimmt ebenfalls Besuche und steht mit praktischen Hilfen den Patienten zur Seite.

Weiterhin gehört zum Dienst in Hammelburg die Altenheimseelsorge im *Bürgerspital* und in den zwei Häusern des *Dr.-Maria-Probst-Seniorenheims*.

In der Kapelle der *Main-Spessart-Klinik* in Gemünden werden alle vierzehn Tage evangelische Gottesdienste angeboten. Ein Besuchsdienstkreis wurde ins Leben gerufen und wird – wie in Hammelburg – regelmäßig begleitet.

ROBERT WEBER, *Pfarrer*

# Lohr a. Main

*Mit rund 17 000 Einwohnern ist Lohr a. Main die größte Stadt im Dekanatsbereich. Am östlichen Schenkel des Mainvierecks auf halbem Weg zwischen Würzburg und Aschaffenburg gelegen, ist sie als „Tor zum Spessart" und als „Schneewittchenstadt" weithin bekannt.*

Den Namen der Stadt tragen auch die großen Industriebetriebe wie Bosch-Rexroth, Hunger-Hydraulik, Sorg sowie Magna und Winkler in die Welt. Die Spessartglas, heute zum Gerresheim-Konzern gehörig, produziert neben Behältern für die pharmazeutische Industrie auch die bekannten Maggiflaschen.

Mit über 4 000 Hektar kommunalem Waldbesitz ist die Stadt der zweitgrößte kommunale Waldbesitzer in Bayern. Dass die Forstschule hier ihren Sitz hat, ist also nicht verwunderlich.

Im kurmainzischen Schloss ist das sehenswerte Spessartmuseum eingerichtet. Neben den Spuren Schneewittchens sind die Glasindustrie und der Wald Schwerpunkte der Ausstellung. Dass dabei die legendären Spessarträuber nicht fehlen, versteht sich von selbst.

Die sehenswerte, gut sanierte Altstadt mit prächtigen Fachwerkhäusern, verträumten Gassen und plätschernden Brunnen lockt viele Besucher nach Lohr. Krankenhäuser, das Bezirkskrankenhaus, Schulen und Behörden sorgen zusammen mit zahlreichen Geschäften und Betrieben für einen weiten Einzugsbereich. Durch die Öffnung des Rhein-Main-Donau-Kanals hat der Schiffsverkehr auf dem Main sehr zugenommen. Immer wieder legen große Kreuzfahrtschiffe auch in Lohr an. Auf den zahlreichen Campingplätzen suchen viele Menschen aus nah und fern Erholung.

### ■ Eine alte Stadt mit reicher Geschichte

Lohr ist eine alte Siedlung. Die Stadtpfarrkirche St. Michael mit ihrem hochaufragenden Turm auf einem Hügel über dem Maintal gelegen, markiert die Anfänge des Ortes. Der Bayernsturm aus dem späten 13. Jahrhundert ist bis heute das Wahrzeichen der Stadt. Bereits 1333 erhielt die damals zur Grafschaft der Rienecker gehörende „Stat ze oberen Lore" das Stadtrecht. Aber sie war nie freie Reichsstadt wie andere unterfränkische Städte. Jahrhundertelang gehörte sie zur Grafschaft Rieneck, deren Grafen wiederum Lehensleute der Fürstbischöfe von Mainz waren.

Recht der Anstellung bzw. Absetzung von Geistlichen. Sein kundiger Helfer bei der Einführung der Reformation in Lohr a. Main war der junge Magister Johann Conrad Ulmer aus Schaffhausen, der von keinem Geringeren als von Dr. Martin Luther selbst, auf Bitten der Rienecker Grafen, von Wittenberg an der Elbe nach Lohr a. Main geschickt wurde. Er hatte eben sein Magisterexamen bei Philipp Melanchthon, dem Erneuerer des Schulwesens seiner Zeit, erfolg-

Alte Bürgerhäuser am Unteren Markt in Lohr a. Main.
*Foto: Michael Wehrwein*

Diese Verbindung mit Rieneck und Mainz hatte sowohl für die Stadtgeschichte als auch für die Kirchengeschichte Lohrs weitreichende Folgen. Graf Philipp III. von Rieneck führte in seinem Gebiet die deutsche Predigt des Evangeliums und das Abendmahl in beiderlei Gestalt ein. Auch als Mainzer Lehensherr hatte er das

reich abgeschlossen und war von ihm empfohlen worden.

Segensreich wirkte Ulmer als erster evangelischer Geistlicher in der bald völlig evangelischen Stadt Lohr 22 Jahre lang von 1544 bis 1566. Er gewann die Herzen der Lohrer Bevölkerung durch seine Predigten, durch geduldige Unterweisung der Jugend und durch nachgehende Seelsorge. Er heiratete eine Lohrer Bürgerstochter, mit der er eine glückliche kinderreiche Ehe führte.

Das neu erbaute evangelische Gemeindezentrum wurde nach dem Reformator Lohrs benannt. Seit 8. Juli 1979 trägt es den Namen „Ulmerhaus".

Die Funkuhr am Glockenturm der Lohrer Auferstehungskirche zeigt weithin sichtbar, was die Stunde geschlagen hat.
Foto: Michael Wehrwein

### ■ Geschichte der evangelischen Kirchengemeinde

Das Schicksal der ersten evangelischen Gemeinde von Lohr erfüllte sich bereits mit dem kinderlosen Tod des letzten Rienecker Grafen Philipp III. im Jahre 1559. Er liegt in der St. Michaelskirche in Lohr begraben. Heute noch ist auf seinem Grabstein links neben dem Hochaltar zu lesen: „Kinderlos abgestorben und der Letzt in seinem Geschlecht gewesen".

Die Grafschaft Rieneck und damit auch die Stadt Lohr fielen nun als erloschenes Lehen an das Kurerzbistum Mainz. Durch eine Petition erreichten die Lohrer evangelischen Bürger noch einen Aufschub der konsequenten Anwendung des Augsburger Religionsfriedens auf ihr Gebiet: Cuius regio, eius religio – wem das Land gehört, der bestimmt die Religion!

Doch im Jahr 1604 mussten die letzten Lohrer evangelischen Familien, die nicht katholisch geworden waren, die Stadt verlassen. Sie wanderten in benachbarte evangelische Gebiete ab.

Der Neubeginn eines evangelischen Gemeindelebens erfolgte im 19. Jahrhundert. 1830 lebten erst 14 evangelische Bürger in Lohr. Durch Zuwanderung stieg ihre Zahl in hundert Jahren bis 1933 auf 579.

Nach dem Zweiten Weltkrieg strömten viele Heimatvertriebene aus den deutschen, überwiegend evangelisch geprägten Ostgebieten ein, wodurch die Gemeinde rasch auf über 2400 Personen wuchs. Heute zählt die evangelische Kirchengemeinde Lohr a. Main 2550 Glieder und umfasst mit Ausnahme von Partenstein und Umgebung fast das ganze Gebiet des ehemaligen Altlandkreises.

Diesem Anwachsen der evangelischen Bevölkerung wurde auch durch organisatorische und bauliche Maßnahmen Rechnung getragen. 1834 entstand zunächst in der Lichtenau im idyllischen Spessarttal der Hafenlohr eine kleine evangelische Schule für die Kinder der evangelischen Arbeiter der dort errichteten Hammerschmiede, der Vorläuferin des Eisenwerkes Rexroth.

Nach dem Bau der Eisenbahnlinie von Würzburg durch den Spessart nach Aschaffenburg und der Ausweitung der alten Lohrer Glasindustrie zu einem großen Werk erwachte unter den evangelischen Angestellten und Beamten der verschiedenen Lohrer Behörden, Schulen und Krankenhäuser mit der wachsenden Zahl der Evangelischen in Lohr auch der Wunsch nach eigenen evangelischen Gottesdiensten. Jahrzehntelang mussten sie ins benachbarte evangelische Partenstein laufen.

Am 14. Juni 1868 wurde der erste evangelische Gottesdienst in Lohr in der damaligen Fortbildungsschule gehalten. Seit dem 16. Juni 1870 fanden die Gottesdienste im Sitzungssaal der Gemeindebevollmächtigten im Rathaus statt.

Zwischen 1870 und 1872 wurde dann mit starker Unterstützung der evangelischen Unternehmerfamilien Rexroth und Woehrnitz am Fuße des Valentinusberges ein Schul- und Bethaus errichtet. Dort waren eine einklassige evangelische Schule, eine Lehrerwohnung und ein gottesdienstlicher Raum im Obergeschoss untergebracht.

1891 kam ein ständiger Vikar nach Lohr. 1895 erhielt die Gemeinde ein kleines Pfarrhaus. 1909 wurde Lohr eine eigene Pfarrei.

1934 entstand aus dem alten Betsaal die erneuerte, durch einen Turm erweiterte Auferstehungskirche, an deren Einweihung am 7. Oktober selbigen Jahres die ganze Stadt lebhaften Anteil nahm. Der damals schon geplante Anbau eines Gemeindesaales an die Kirche wurde durch den Ausbruch des Zweiten Weltkrieges unmöglich gemacht.

Inzwischen war 1928 der Dekanatssitz von Waizenbach nach Lohr a. Main verlegt worden, nachdem im gleichen Jahr ein neues Pfarrhaus erworben werden konnte, in dem später auch Amtsräume und ein kleiner Gemeindesaal eingerichtet wurden. Dieses Pfarrhaus an der Partensteiner Straße erlitt am 2. April 1945 beim Einmarsch der Amerikaner durch Artilleriebeschuss schwere Zerstörungen und konnte erst 1948 wieder aufgebaut werden. Auch die Kirche hatte durch den Beschuss gelitten.

Seit 1947 wirkten neben dem Dekan verschiedene junge Vikare in Lohr, die vor allem in der Jugendarbeit und an den vielen Schulen und Krankenhäusern der Stadt tätig waren.

1974 wurde die Vikarsstelle in eine zweite Pfarrstelle umgewandelt. 1976 konnte in Lohr-Sen-

Die Auferstehungskirche am Valentinusberg entstand 1934 aus dem alten Betsaal.
Foto: Foto Kleinfelder, Lohr a. Main

delbach ein eigenes Pfarrhaus für den zweiten Pfarrbezirk günstig erworben werden. Schließlich wurde 1977 nach langjähriger Planung und Vorbereitung unter Leitung von Architekt Erwin Issler aus Lohr und im Zusammenwirken mit dem Lohrer Kirchenvorstand mit dem Bau des lang ersehnten und dringend benötigten Gemeindezentrums begonnen. Auch ein neues Pfarrhaus für die erste Pfarrstelle wurde errichtet. Gemeindeglieder brachten dazu erhebliche Opfer. Dr. Gustav Woehrnitz hat sich durch die Finanzierung des Grundstücks und durch weitere Zuwendungen sehr großzügig gezeigt. Auch die Stadt Lohr begleitete das ganze Unternehmen von Anfang an mit Wohlwollen und Unterstützung.

Am 18. März 1979 wurde das Gemeindezentrum seiner Bestimmung übergeben. Zwischenzeitlich wurde durch den Anbau eines Aufzuges ein behindertengerechter Zugang geschaffen. Das Kirchendach wurde neu eingedeckt, die Kirche innen renoviert und vom Turm der Auferstehungskirche zeigt eine moderne Funkuhr an, was die Stunde geschlagen hat.

Im Oktober 1982 konnte die neue, von der Firma Hey aus Urspringen erbaute zweimanualige Orgel nach zweijähriger Planungs-

Der dreiflügelige Altar der Auferstehungskirche in Lohr stellt Jesu Auferstehung am Ostermorgen in den Mittelpunkt. Er stammt aus dem Jahr 1938 und war das letzte große Werk des Würzburger Künstlers Matthäus Schiestl (1869–1939).
Foto: Michael Wehrwein

und Bauphase ihrer Bestimmung übergeben werden.

Folgende Pfarrer und Dekane waren in Lohr tätig:
1544 – 1566 Johann Conrad Ulmer
1909 – 1915 Teodor von Kaler
1915 – 1922 Ludwig Kelber
1922 – 1954 Friedrich Fuchs
1954 – 1973 Ludwig Roth
1973 – 1989 Friedrich Heckel
seit 1990   Michael Wehrwein

### ■ Die Evangelisch-Lutherische Kirchengemeinde heute

Heute arbeiten in der Kirchengemeinde Lohr a. Main zwei Pfarrer, ein Pfarrer zur Anstellung, ein Gemeinde-Diakon im Rahmen einer halben Stelle, ein Kantor, der zugleich Dekanatskantor ist, eine Pfarramtssekretärin, eine Religionspädagogin, ein Religionsphilologe, ein Hausmeister und eine Mesnerin sowie eine Katechetin auf Dienstvertrag. Dazu kommen viele ehrenamtliche Mitarbeiterinnen und Mitarbeiter.

Sie bringen ihre Gaben in den verschiedenen Arbeitsbereichen der Gemeinde ein: Beim Sammeln, beim Verteilen des Gemeindebriefes, beim Schmücken der Auferstehungskirche, im Besuchsdienst für Kranke und Neuzugezogene, in den Kontaktgruppen mit Patienten des Bezirkskrankenhauses, im Verein für Gemeindediakonie, beim Seniorentreff, in Frauengesprächsgruppen, im Frauentreff, im Männertreff, im Kindergottesdienst, in Mutter-Kind-Gruppen, bei Kinder- und Gemeindefreizeiten, in Jugendgruppen, im Gospel- und Posaunenchor, als Lektorinnen und Lektoren, in Haus- und Bibelkreisen, in der Konfirmandenarbeit, im Kirchenvorstand und bei vielen anderen Aufgaben der Gemeinde.

Gottesdienste werden wöchentlich in der Auferstehungskirche gefeiert, 14-tägig finden Gottesdienste in der Kapelle des Kreiskrankenhauses, im Bezirkskrankenhaus und in der Kapelle des Caritas-Seniorenheimes St. Martin statt.

Einmal im Monat wird ein Gottesdienst in der Kapelle von Kloster Neustadt und in der katholischen St. Nikolaus-Kirche in Rothenbuch gefeiert. Dazu kommen Gottesdienste zu besonderen An-

# LOHR A. MAIN

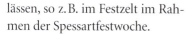

Die vier Bilder auf den Seitenflügeln des Altars der Lohrer Auferstehungskirche geben Motive aus der Lebens- und Leidengeschichte Jesu wieder (von links oben nach rechts unten): 1. Die Ankündigung der Geburt Jesu durch den Engel Gabriel an Maria; 2. Jesu Geburt; 3. Jesus mit seinen Jüngern Petrus, Jakobus und Johannes im Garten Gethsemane; 4. Kreuzigung Jesu mit Maria und Johannes.
Fotos: Michael Wehrwein

lässen, so z. B. im Festzelt im Rahmen der Spessartfestwoche.

Neben der ökumenischen Gastfreundschaft sind die Zusammenarbeit auf praktischem Gebiet, so im Ökumenischen Altenwerk, bei ökumenischen Pfarrkonferenzen, Bibelwochen, Evangelisationen, in Hauskreisen und Seminaren, bei der Main-Spessart-Ausstellung, beim ökumenischen Kreuzweg und der Beteiligung an der Karfreitagsprozession zu nennen. Auch im diakonischen Bereich, z. B. bei der „Aktion Pflegepartner", arbeiten beide Kirchen gut zusammen.

MICHAEL WEHRWEIN, *Dekan, auf der Grundlage eines Artikels von* FRIEDRICH HECKEL, *ehem. Dekan in Lohr, Pfarrer i. R.*

# Markt-
# heidenfeld

*Die Anfänge Marktheidenfelds sind im 8. Jahrhundert anzunehmen. Der Ort wurde schon früh dem damals soeben gegründeten Kloster Holzkirchen unterstellt. Mit diesem kam er schließlich an die von Bonifatius gegründete Abtei Fulda.*

Gegen Ende des 13. Jahrhunderts gelangte Heidenfeld, wie Marktheidenfeld jahrhundertelang hieß, in den Besitz der Grafen von Wertheim. Nach dem Aussterben der Wertheimer Grafen im Mannesstamm, sicherte sich 1612 das Fürstbistum Würzburg in den Auseinandersetzungen der Erben das als würzburgisches Lehen anerkannte Heidenfeld. 1803 kam es vorübergehend, 1814 endgültig zum bayerischen Staat. Das Marktrecht besaß Heidenfeld wohl schon seit dem 14. Jahrhundert. Im 17. Jahrhundert wurde die Markteigenschaft dann amtlicher Bestandteil des Namens. Mit der Verlegung des Amtes Homburg nach Marktheidenfeld begann der Aufstieg des ehemaligen Fischerdorfes zum Amtsstädtchen und Bezirksmittelpunkt. Bis zur Gebietsreform 1972 war Marktheidenfeld Sitz der Landkreisverwaltung und vieler staatlicher Behörden.

Von großer Bedeutung für die Entwicklung des Ortes war im letzten Jahrhundert der Bau der Mainbrücke (1839-1846), durch den die Stadt an die wichtige Lebensader des Verkehrs, die große Post- und Handelsstraße Nürnberg-Würzburg-Frankfurt angeschlossen wurde. Dazu kam dann im Jahre 1881 der in gleicher Weise wichtige Anschluss an das Eisenbahnnetz.

Schon vor dem Zweiten Weltkrieg hatte sich die Stadt über die alten Stadtgrenzen hinaus spürbar vergrößert. Durch das Einströmen heimatvertriebener Landsleute aus Ost und West nahm die Einwohnerzahl stetig zu. Eine großzügige Umlegung von Bauland schuf die Grundlage für eine weitere große Ausdehnung der Stadt, die mit Eingemeindungen heute circa 11 700 Einwohner zählt.

Mit der geschichtlichen und wirtschaftlichen Entwicklung der jetzigen Stadt Marktheidenfeld ist die Geschichte der evangelisch-lutherischen Kirchengemeinde aufs Engste verknüpft.

### ■ Marktheidenfeld zur Zeit der Reformation und Gegenreformation

Seit Ende des 13. Jahrhunderts gehörte „Heidenfeld" den reichsfreien Grafen von Wertheim, die sich zwischen den geistlichen „Großstaaten" Kurmainz und Würzburg – trotz verschiedener Landverluste – bis in die napoleonische Zeit behaupten konnten. Mit einem Teil ihrer im Waldsassengau gelegenen Güter befanden sich die Grafen im Lehensverhältnis zum Bistum Würzburg. Gleichwohl besaßen die Grafen aufgrund kaiserlicher Befugnisse in diesen Besitzungen oberrichterliche Gewalt. Diese politisch unklaren Verhältnisse sollten in der Folgezeit immer wieder zu großen Streitigkeiten mit den Bischöfen von Würzburg führen.

Graf Georg II., der mit seinem Vater 1521 auf dem Reichstag zu Worms Martin Luther kennen gelernt hatte, war nach seiner Rückkehr entschlossen, in seiner Grafschaft die Reformation einzuführen. Im Jahre 1522 bat er Luther um einen evangelischen Prediger für Wertheim. 1524 erging an alle Pfarrer der Grafschaft folgender Befehl: „auch sollen infüro alle Pfarrherren, den das Wortt Gottes in der Graveschaft Wertheimb zu predigen befohlen ist, dem volck getreulich das Evangeliom und die lehr Christi unsers seligmachers lauter, rein und christlich predigen." Da Graf Georg ein frommer und vornehm denkender Mann war, verlangte er, dass gegenüber seinen katholischen Untertanen dennoch weiterhin größte Toleranz geübt werden sollte.

Im Jahr 1527 kam der erste evangelische Pfarrer, Peter Hunerbüchler (oder Hönerbuhel) nach Heidenfeld. Der Graf hatte den Fruchtzehnten der geistlichen Chorstiftung in Wertheim zur Verfügung gestellt, mit der Auflage, in Heidenfeld Pfarrer, Kirche und Pfarrhaus zu unterhalten.

Graf Michael III., Georgs Sohn, der in Wittenberg studiert hatte und die Freundschaft Luthers und Melanchthons genoss, führte das Werk des Vaters weiter. 1531 wurde in allen Kirchen der Grafschaft die Augsburgische Konfession als das Bekenntnis der Evangelischen verlesen. Inmitten großer Entwürfe aber starb Michael III. als der letzte Spross dieses „alten und löblichen Geschlechts" im Jahre 1556.

Seit Einführung der Reformation in der Grafschaft Wertheim wurden die Kämpfe mit dem Bistum Würzburg, an dessen Spitze seit 1573 der Fürstbischof Julius Echter stand, immer erbitterter. In den folgenden Jahrzehnten kamen die unsicheren Erbschafts- und Regierungsverhältnisse in Wertheim dem Bistum Würzburg zu Hilfe: Vom verstorbenen Michael III. hatte dessen Schwiegervater Graf Ludwig von Stolberg vorübergehend die Regierung übernommen. Dessen Tochter, die Witwe Michaels, heiratete nun in zweiter Ehe sechzigjährig den katholischen Freiherrn von Krichingen. Von Julius Echter überredet und in jeder Hinsicht unterstützt, erhob dieser trotz ursprünglicher Vereinbarungen immer heftigere Ansprüche auf die Würzburger Lehen der Grafschaft und brach schließlich die so genannte „Würzburger Fehde" (1598-1617) vom Zaun.

Im Jahre 1612, nach dem Tode des kinderlosen Ehepaares Krichingen, zog Julius Echter den ganzen linksmainischen Wertheimer Besitz für das Hochstift Würzburg ein. Resigniert stellt die Beschwerdeschrift der Wertheimer fest: „Maior minoris esca", auf Deutsch: „Der Große frisst den Kleinen". So war das konfessionelle Schicksal von Heidenfeld, Lengfurt, Erlenbach, Karbach und zwölf weiteren Orten für längere Zeit besiegelt. Über 87 Jahre hinweg war Heidenfeld evangelisch gewesen. Der letzte evangelische Pfarrer, Elias Taschner, wurde 1612 vertrieben.

Julius Echter gebot den Heidenfeldern, einen neuen Pfarrhof und eine neue Kirche zu bauen. Aber sie leisteten passiven Widerstand. Der Amtskeller von Homburg, der im Auftrag des Fürstbischofs nach dem Stand der Bauarbeiten sehen sollte, konnte seinem Herren keine gute Nachricht bringen: Die Heidenfelder, so heißt es in einer Quelle, „waren in den 87 Jahren ihres Luthertums so eifrig geworden, dass sie nicht ohne weiteres wieder katholisch werden wollten". Besonders hartnäckig sollen die Frauen am evangelischen Glauben festgehalten haben. Die Einwohner, die ihren evangelischen Glauben nicht aufgeben wollten, mussten Heidenfeld verlassen. Allein neun Familien zogen z. B. nach Remlingen.

Im 30-jährigen Krieg gab der siegreiche Schwedenkönig Gustav Adolf dem Grafen Löwenstein von Wertheim die von Julius Echter eingezogenen Lehen wieder zurück, darunter auch das Dorf Heidenfeld. Nach der Eroberung Würzburgs kam Gustav Adolf 1631 persönlich nach Wertheim, wo er von der Bevölkerung mit großem Jubel empfangen wurde. Der Graf von Wertheim sorgte rasch dafür, dass Heidenfeld wie-

# MARKTHEIDENFELD

Die alte Mainbrücke wurde 1846 erbaut.
*Foto: Robert Geis*

der einen lutherischen Prediger bekam. Doch schon nach der Niederlage der Schweden bei Nördlingen im September 1634 musste er vor den kaiserlichen Truppen fliehen.

## ■ Die Evangelisch-Lutherische Diasporagemeinde Marktheidenfeld

Wahrscheinlich wohnte mehr als 200 Jahre kein evangelischer Christ mehr in Marktheidenfeld. Im Zuge der politischen Neuordnung in Bayern am Anfang des 19. Jahrhunderts, die für die Protestanten die Gleichberechtigung brachte, versetzte der bayerische König mit Absicht evangelische Beamte und Angestellte in die staatlichen Stellen Marktheidenfelds. Sie sollten wegen ihres anderen Glaubens nicht so schnell Wurzeln fassen und leichter wieder versetzbar sein. Diese Rechnung ging jedoch nicht auf: Den evangelischen Beamten gefiel es so gut, dass sie in Marktheidenfeld blieben.

Als im Zusammenhang mit dem Eisenbahnbau (1879-1881) zudem noch eine größere Anzahl von evangelischen Arbeitern nach Marktheidenfeld kam, bildete sich wieder eine kleine Gemeinde. Diese hatte es inmitten einer katholischen Umgebung nicht leicht. Um an einem evangelischen Gottesdienst teilzunehmen, musste man zu Fuß den weiten Weg nach Remlingen oder Michelrieth zurücklegen. Die Toten mussten an einen dieser Orte oder in die Heimat überführt werden. Kinder, die konfirmiert werden sollten, mussten bei Bekannten oder Verwandten untergebracht werden, damit sie einen Konfirmandenunterricht besuchen konnten. Am 30. Mai 1880 konnte trotzdem ein kleiner Betsaal eingeweiht werden. Er befand sich unter dem Dach im Eckhaus am oberen Ende der Mitteltorstraße zum heutigen Adenauerplatz. Das Pfarramt Remlingen übernahm die gottesdienstliche und seelsorgerliche Betreuung der zu diesem Zeitpunkt etwa 170 Gemeindeglieder. Im Jahre 1886 schlossen sich die tatkräftigen evangelischen Männer zu einem Kirchbauverein zusammen, der schon 1895 sein Ziel erreichte. In diesem Jahr konnte der Grundstein zu einer Kirche gelegt werden. Die Konzeption der neugotischen Kirche ist bis heute einmalig. Im Erdgeschoss des Kirchengebäudes wurden Wohnräume und ein größerer Saal für eine evangelische Schule vorgesehen, die man später einzurichten hoffte. Weit vorausschauend gestaltete man den im Obergeschoss liegenden Gottesdienstraum mit einem Platzangebot von anderthalbfacher Gemeindestärke.

Schon am 17. Mai 1896 wurde die Friedenskirche durch Dekan Beck von Würzburg eingeweiht. Die Orgel wurde 1914, der Altar 1924 und ein Geläute mit drei Glocken 1925 eingerichtet.

Die Zahl der Gottesdienste, die seit 1893 vom Exponierten Vikar aus Lohr gehalten wurden, stieg ab 1896 in der neuen Kirche von acht auf sechzehn. Das zuständige Pfarramt war Partenstein. 1919 wurde das Exponierte Evangelisch-Lutherische Vikariat Marktheidenfeld errichtet. Die Gemeinde wuchs in den Folgejahren vor allem durch Zuzüge aus der rechtsmainischen „Grafschaft" stetig an.

Nach dem Zweiten Weltkrieg hatten sich die Verhältnisse in der Gemeinde grundlegend gewandelt: Eine große Zahl von Evakuierten aus dem Ruhrgebiet – besonders aus Düsseldorf – war in Marktheidenfeld geblieben. Dazu kam die Welle der Heimatvertriebenen aus den deutschen Ostgebieten. Nun wurde Religionsunterricht außer in Marktheidenfeld auch in Homburg, Lengfurt, Erlenbach, Karbach und Rothenfels erteilt. Predigtstationen wurden in Rothenfels, Karbach und Lengfurt eingerichtet. Die Flüchtlinge bedurften nachgehender Seelsorge. Als Gemeindehelferin und katechetische Hilfskraft wurde im Sommer 1947 eine Diakonisse des Diakonissen-Mutterhauses Lehmgruben eingestellt. Diese Einrichtung hatte auf dem benachbarten Schloss Triefenstein Zuflucht gefunden.

■ **Die Gemeinde wächst**

Der Pfarrbezirk umfasst heute neben Marktheidenfeld die Orte Homburg, Lengfurt, Erlenbach, Tiefenthal, Marienbrunn, Windheim, Hafenlohr, Karbach, Zimmern, Rothenfels und Bergrothenfels.

Infolge des wirtschaftlichen Aufschwungs der Stadt Markthei-

Die Friedenskirche wurde 1896 eingeweiht.
*Foto: Peter Schneider*

denfeld und ihrer voranschreitenden Industrialisierung wuchs die Gemeinde von 140 Gliedern im Jahr 1889 über 1320 im Jahr 1951 auf 1730 im Jahr 1962. Das Exponierte Vikariat wurde 1948 in ein Pfarramt umgewandelt. Der letzte Exponierte Vikar Leonhard Kollmer wurde der erste Stelleninhaber des neuen Pfarramtes. Mit großer Freude begrüßte die ganze evangelische Gemeinde 1950 den Zuzug des Heimatvertriebenen Mutterhauses Lehmgruben aus Breslau.

Jetzt musste auch die Kirchengemeinde die Gunst der Verhältnisse nutzen und notwendige Bauarbeiten ergreifen. Unter Pfarrer Karl Kögel wurde ein Pfarrhaus gebaut, das am 30. 10. 1955 durch Dekan Ludwig Roth aus Lohr eingeweiht wurde. Die Baukosten betrugen 65 000 DM. In der frei gewordenen Pfarrwohnung konnten Gemeinderäume und eine Mesnerwohnung eingerichtet werden. Im Winterhalbjahr 1961/62 erfuhr der Kirchenraum eine gründliche Renovierung und Umgestaltung mit moderner Farbgebung, neuem Altar und neuer Kanzel. Im Jahr 1978 wurden im Untergeschoss der Kirche Jugend- und Gemeinderäume eingerichtet sowie ein Tischtennisraum im Nebengebäude. In jüngerer Zeit stießen die vielfältigen Aktivitäten des Gemeindelebens immer öfter an ihre räumlichen Grenzen. Seit 1980 wurde ernsthaft über den Bau eines Gemeindehauses nachgedacht. Ein Ereignis jedoch ließ den Traum vom Gemeindehaus ins Hintertreffen geraten:

Am 31. Oktober 1998 musste der Kirchenvorstand auf Veranlassung des Landratsamtes Main-Spessart die Schließung der Friedenskirche vollziehen. Während das Platzangebot durch den Einbau weiterer Sitzbänke stetig gestiegen war, war die Ein- und Ausgangssituation seit 1895 unverändert geblieben: Die bis zu 250 Gottesdienstbesucher im Kirchenschiff mussten sich durch eine 110 Zentimeter breite Schiebetür zwängen; diesem Strom kamen dann noch bis zu 70 Besucher über eine schmale Stiege von der Orgelempore entgegen.

Es dauerte oft über 20 Minuten, bis alle Gottesdienstteilnehmer den Kirchenraum über die einzige bestehende Treppe verlassen konnten. Im Falle eines Brandes wäre die Kirche für viele Menschen zur tödlichen Falle geworden. Dies wurde von der Behörde ebenso wie von den Gemeindegliedern als ein untragbarer Zustand empfunden.

Zur Schaffung eines zweiten Zugangs sah das Landesamt für Denkmalpflege ein eigenständiges Gebäude vor, das im modernen Stil in mindestens fünf Metern Abstand zur denkmalgeschützten Kirche stehen und mit einer Brücke verbunden werden sollte.

Der renommierte Architekt Professor Klaus Trojan aus Darmstadt wurde mit der Konzeption dieses Zugangsgebäudes beauftragt. Er entwarf einen lichtdurchfluteten, gläsernen Treppenturm, der in seiner Formgebung das 21. Jahrhundert willkommen heißt. Der Baubeginn erfolgte Anfang Mai 1999, die Einweihung konnte am 22. Oktober 2000 stattfinden.

Während der Bauzeit fand die Gemeinde Zuflucht in der Johanneskapelle des Diakonissen-Mutterhauses Lehmgruben.

Der Treppenturm umfasst neben der Treppe einen Aufzug für gehbehinderte Gottesdienstbesucher, eine Sakristei, die Heizanlage für das gesamte Gemeindehaus und ein reichlich bemessenes Areal zum Plaudern und Austauschen von Neuigkeiten nach dem Gottesdienst.

Im Zuge der Baumaßnahme wurde auch der Innenraum der Kirche renoviert, die elektrischen Anlagen erneuert und der gesamte Außenbereich des Kirchengrundstückes auch im Hinblick auf das geplante Gemeindehaus neu gestaltet. Die Gesamtkosten betrugen rund 900 000 DM.

In den 1990er Jahren wurden vor allem Spätaussiedler aus der ehemaligen Sowjetunion in Marktheidenfeld ansässig, so dass die Zahl der Gemeindeglieder von 2200 im Jahr 1980 auf 2720 im Jahr 1997 anstieg. Ihr Anteil beträgt heute etwa 15 Prozent.

Insbesondere durch Firmengründungen und die Erweiterung der Schulen und des Kreiskrankenhauses wuchs die Gemeindegliederzahl in den letzten Jahren bis heute auf 3200. Durch die Ausweitung weiterer großer Industrie- und Wohngebiete und der Errichtung einer zweiten Mainbrücke ist in den nächsten Jahren für Marktheidenfeld ein erneuter Bevölkerungszuwachs zu erwarten.

Durch ideale Wohnbedingungen in der Schul- und Einkaufsstadt und seinen hohen Freizeitwert zieht Marktheidenfeld vor allem junge Familien an.

Neben den gut besuchten, vielfältigen Gottesdiensten bringen zahlreiche unterschiedliche Gruppen und Kreise Leben in die Gemeinde. Darüber informiert der regelmäßig erscheinende Gemeindebrief, der in einer Auflage von 2400 Stück alle Gemeindeglieder erreicht und somit für Information und Kontakt in der Kirchengemeinde sorgt.

Zur katholischen Gemeinde bestehen sehr freundschaftliche Beziehungen. Intensive Begegnungen, besondere gemeinsame Gottesdienste und Jugendveranstaltungen geben davon ebenso Zeugnis wie die ökumenischen Frauenkreise oder die ökumenische Männerrunde. Die „Ökumenische Sozialstation St. Elisabeth e.V." wird von verschiedenen Kirchengemeinden beider Konfessionen gemeinsam getragen und gerne angenommen.

Einen Schwerpunkt legt die Evangelisch-Lutherische Kirchengemeinde Marktheidenfeld auf ein werbendes Angebot für Kinder und die Arbeit mit Konfirmanden. Sie verfolgt dabei ein einladend-missionarisches Gemeindeaufbaukonzept.

KARL LUDWIG STAHL *und* RUDOLF SCHÜRMER, *Pfarrer, revidiert und ergänzt von* BERND TÖPFER, *Pfarrer*

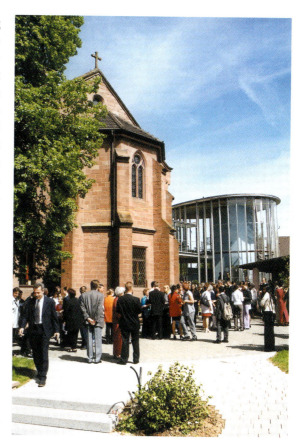

Der im Jahr 2000 neu errichtete Treppenturm der Friedenskirche.
*Foto: Karlheinz Nickola*

# Mittelsinn

*Zur Kirchengemeinde St. Jakobus Mittelsinn gehören die Evangelischen der politischen Gemeinden Mittelsinn, Obersinn und Aura.*

Zurzeit zählt die Kirchengemeinde circa 970 Gemeindeglieder, von denen 625 in Mittelsinn, 245 in Obersinn und 100 in Aura wohnen.

Nur noch ganz wenige leben von der Landwirtschaft, einige sind in einheimischen Betrieben oder als Selbstständige tätig, doch die große Mehrheit muss sich als Pendler ihr Brot verdienen und verbringt jede Woche viele Stunden auf der Straße. Das war nicht immer so.

Mittelsinn wird erstmals 1275 urkundlich erwähnt. Wie aus den Urkunden zu ersehen ist, war Mittelsinn nie in einer Hand, immer teilten sich mehrere Herren die Macht im Ort. Durch Verkauf, Lehen oder Vererbung fand häufiger ein Wechsel statt. So empfängt z.B. 1319 Dietmar von Rieneck ein Drittel von Mittelsinn vom Stift Würzburg zum Lehen. 1376 kauft Ritter Götz Vogt zu Rieneck einen Teil von „Metelnsynna". 1396 gibt Bischof Gerhard zu kaufen „Unserm lieben getreuen Ludwig von Hutten" seinen Anteil an „Metelsynne". 1405 kauft Wilhelm von Thüngen „alles was ihr gehabt in Mittelsinnen" von Bischof Johann von Würzburg. Er erhält außerdem die „Kirchsetz" von Burgsinn mit allen Filialen.

Nach und nach erwarben die von Thüngen und die von Hutten alle Anteile von Mittelsinn und damit kam Mitte des 15. Jahrhunderts das „Vierherrschaftliche Verhältnis" auf. Die von Thüngen hatten sich in die Andreassche und Lutzsche Linie geteilt, die von Hutten in die Altengronauer und Steckelberger Linie. Diese Vierherrschaft, auch Kondominat genannt, betraf nicht nur Mittelsinn, sondern schloss auch Obersinn und Aura mit ein.

Mittelsinn war der Sitz des Gerichts und wurde deshalb auch oft „Cent Mittelsinn" genannt. Die Einführung der Reformation ist aller Wahrscheinlichkeit nach durch die von Thüngen betrieben worden. Am 19. September 1564 kamen die von Thüngenschen Pfarrer in Gräfendorf zusammen, um über die lutherischen Bräuche des Gottesdienstes und Gemeindelebens zu beraten (s. S. 44).

Auf Grund des Augsburger Religionsfriedens von 1555 stand dem Landesherrn die Einführung seiner Religion zu. Es galt also der Grundsatz: Wie der Herr, so seine Untertanen. Da nun die v. Thüngen und die v. Hutten die neue Lehre angenommen hatten, waren ihre Untertanen verpflichtet, dies auch zu tun.

Über die Ereignisse des 30-jährigen Krieges gibt es hier keine Aufzeichnungen, aber vermutlich stammt der „Verlobte Tag" aus jener Zeit. Damals wütete in Mittelsinn eine schlimme Seuche und unsere Vorfahren gelobten, einen Tag zu fasten, wenn Gott dem Sterben ein Ende machte. So wurde bis in die jüngste Vergangenheit der 25. September jeden Jahres als „Verlobter Tag" begangen. Am Morgen dieses Tages fand ein Gottesdienst statt, erst danach durften Mensch und Vieh etwas essen. Heute wird der „Verlobte Tag" noch mit einer Abendandacht begangen, jedoch gibt es kaum noch Landwirte in Mittelsinn.

Im Laufe der Zeit änderten sich die Besitzverhältnisse von Mittelsinn immer wieder. Der Huttische Teil ging an Frohnhofen und Hessen, der Thüngensche Besitz gelangte an das Julius-Spital und an das Hochstift Würzburg.

Die Würzburger versuchten nun mit allen Mitteln ihre Untertanen zum katholischen Glauben zurückzuführen, aber die Mittelsinner leisteten erbitterten Widerstand. Damit begannen die konfessionellen Streitigkeiten, die sich von 1660 bis 1671 hinzogen. Maßgeblich daran beteiligt waren der in Gemünden tätige Würzburger Oberbeamte Ludwig sowie ein Mann namens Pater Marcus, der zum Zwecke der Gegenreformation in Burgsinn arbeitete. Zentrale Punkte der Auseinandersetzungen waren die Kirchen in Mittel- und Obersinn und Aura, die Besetzung der Schul- und Pfarrstellen mit katholischen oder evangelischen Lehrern und Pfarrern sowie widerrechtliche Vornahmen von Trauungen und Taufen. Nach jahrelanger Fehde beschlossen die Centherren, die Streitigkeiten zu beenden. Vom 15. bis 25. Mai 1671 trafen sich die Vertreter von Hessen-Cassel, Hochstift, Julius-Spital und Frohnhofen zu einem Einigungsgespräch in Hammelburg. Der Vertrag, auch „Hammelburger Receß" genannt, beinhaltet Folgendes:

Die Mittelsinner Kirche bleibt allein den Protestanten vorbehalten. Dagegen sollen die Kirchen in Aura und in Obersinn den Katholiken vorbehalten sein. Die Protestanten haben aber das Recht, in beiden Kirchen an bestimmten Tagen Gottesdienst zu halten.

Das Hochstift darf einen katholischen Pfarrer und auch Schulmeister ernennen, jedoch müssen beide außerhalb von Mittelsinn wohnen. Jedem Untertan wird volle Religionsfreiheit garantiert.

Von 1810 bis 1830 gehörte Mittelsinn zum Großherzogtum Frankfurt. Nach dessen Auflösung bekam Hessen wieder seinen Anteil zurück, die Würzburger Anteile erhielt das zum Königreich aufgestiegene Bayern.

Das Kondominat war also wiederhergestellt, diesmal zwischen Hessen und Bayern. Jetzt stand der

Nach ihrer Renovierung im Jahre 2000 erstrahlt die Jakobuskirche in Mittelsinn in neuem Glanz.
*Foto: Lilo Breitenbach*

Gemeinde ein bayerischer und ein hessischer Bürgermeister nebst Gemeinderäten vor. Das gestaltete den politischen Alltag nicht einfach, denn Hessen hatte andere Gesetze und Verfügungen als Bayern. Schwierig war es vor allem mit der Gerichtsbarkeit und der Polizeiarbeit. So konnte ein hessischer Übeltäter in ein bayerisches Haus flüchten (oder umgekehrt) und die Polizei hatte keine Befugnis mehr, etwas zu tun, da es sich um fremdes Staatsgebiet handelte.

Die neuesten Verordnungen wurden nach mündlicher Überlieferung an der Linde bekannt gegeben. Erst verlas der bayerische Bürgermeister seine Nachrichten, danach der hessische die seinen. Waren die Verfügungen gleich, sagte der hessische Bürgermeister: „Das Gleiche bei Hessen." Dieser Satz wurde dann lange Zeit zu einem geflügelten Wort. Bei den Zahlungsmitteln kam aber meistens das bayerische Geld (Gulden und Kreuzer) zur Anwendung.

Jahrelang liefen Ausgleichsverhandlungen über die Auflösung des Kondominats. Tauschobjekt sollte Zündersbach sein. 1860 kam dann ein Vertrag zustande, der am 1. Dezember 1863 in Kraft trat. Zündersbach wurde hessisch, Mittelsinn bayerisch. Damit endete das Kondominat. Heute sind Aura, Mittelsinn und Obersinn der Verwaltungsgemeinschaft Burgsinn angeschlossen.

## ■ Die Kirche

Die Mittelsinner Kirche, Jakobus und Nikolaus geweiht, war ursprünglich eine Filialkirche von Burgsinn. Auf Veranlassung des Dietz von Thüngen wurde sie am 30. August 1413 durch Bischof Johann von Würzburg zur eigenen Pfarrei erhoben und von Burgsinn unabhängig. Am Gründonnerstag und an den Bitttagen sollte die neue Pfarrgemeinde eine Wallfahrt zur Mutterkirche nach Burgsinn machen. Dieser Brauch wurde jedoch später nicht mehr gepflegt.

Der älteste Teil der Kirche ist der Turmunterbau. Er stammt aus dem Anfang des 14. Jahrhunderts. Der Turm, ein so genannter Echterturm, wurde 1599 erhöht und erneuert, wie auf einer Tafel im Glockenturm zu lesen ist: *Anno Domini 1599 den 24. Septem ist dis Stuck weck gemacht worden Als Jonnes Druy Pfahrer und Kaspar Bru und Peter Nuchter Pfleger der Kirchen gewesen.*

Zwei Glocken hingen von alters her im Turm. Auf der größeren steht: *Lucas + Marcus + Johannes + Mateus + Osanna + Maria* – ohne Jahreszahl.

Die kleine Glocke musste 1942 für Kriegszwecke abgeliefert werden. Auf ihr stand: *1630 hat eine christliche Gemeinde diese Glocken zur Ehre Gottes gießen lassen. Umgegossen 1873 von Klauß und Söhne Heidingsfeld.*

# MITTELSINN

Der Altarraum mit dem Gekreuzigten in der Mitte erinnert an die Mitte des christlichen Glaubens.
Foto: Lilo Breitenbach

1950 ließ die Gemeinde eine zweite Glocke gießen und 1960 kam eine dritte hinzu. Bei dieser Gelegenheit wurde der Glockenturm erneuert und das Läutwerk elektrifiziert.

Die Jahreszahl 1510 über dem Rundbogen weist wahrscheinlich auf dessen Erneuerung hin. Der Taufstein trägt die Jahreszahl 1622. Von 1732 bis 1734 fand ein Umbau des Langschiffes statt, der einem Neubau gleichkam. Die alte Sakristei wurde 1752 gebaut.

Das Schmuckstück der Kirche in Mittelsinn ist die Orgel. Sie stammt aus dem Jahr 1758. 1837 und 1838 musste der größte Teil des Pfeifenwerkes erneuert werden und von 1981 bis 1982 wurde sie total restauriert. Es lohnt sich, einmal zu lauschen, welche Klänge die langjährige Mittelsinner Organistin Frau Fleißner ihr Sonntag für Sonntag entlockt. Der Kronleuchter entstand zwischen 1930 und 1935 unter der Leitung von Lehrer Mangold und der Mithilfe mehrerer Mittelsinner Einwohner.

Die hintere Tür (gegenüber vom Haupteingang) war früher der separate Eingang der Herrschaften von Hutten. Ihnen gehörte das so genanntc Hofgut, bestehend aus Wohnhaus (jetzt Gemeindehaus), Zehntscheune und Schäferhaus. Eine Treppe führte vom Hof hinter dem jetzigen Schulplatz direkt auf den Kirchplatz.

Auch in der Kirche besaßen die Herrschaften ihren eigenen „Stuhl". Es war die letzte, etwas erhöhte Bank unter der hinteren Empore. Eine Holzvergitterung mit Tür umschloss die Bank. Bei der Renovierung 1893 wurde das Gitter entfernt. Nachdem die von Hutten ihren Anteil an Mittelsinn nebst Hofgut an die Landgräfin von Hessen verkauft hatten, wurde das Gut dann als hessisches Hofgut oder Domänengut bezeichnet.

Um die Kirche lag ursprünglich der Friedhof. Im Laufe der Zeit reicht der Platz nicht mehr aus und die Gemeinde musste 1860 einen neuen Friedhof anlegen.

Als im Rahmen der Innenrenovierung im Jahr 2000 der angemoderte Dielenfußboden des Kirchenschiffs herausgerissen wurde, tauchten alte Grabsteine auf. Diese lagen überwiegend unter den schweren Stützpfosten der Empore und dienten als Fundament für das Trägergebälk. Mit harter Arbeit setzten sich viele fleißige Helfer bei der Innenrenovierung unter der Anleitung des Vertrauensmannes des Kirchenvorstandes Herrn Werner Henning ein, um die Kosten der Kirchenerneuerung um über 50 000 DM zu senken.

Die Gesamtkosten der Renovierung der Jakobuskirche betrugen etwa 1 250 000 DM. Auf Antrag des Kirchenvorstandes wurde bereits 1996 mit den Arbeiten begonnen und zunächst die Außenrenovierung und der Neubau der Sakristei abgeschlossen. Nach einer längeren Pause konnte im Jahr 2000 der letzte Bauabschnitt, die Innenrenovierung, begonnen und abgeschlossen werden. Am 3. Dezember 2000 wurde die Kirche feierlich von Dekan Michael Wehrwein wieder eingeweiht. Aus der Kirche im Dekanat, die baulich im schlechtesten Zustand war, wurde ein wahres Schmuckstück, das zu besuchen lohnt und das von der Mittelsinner Mesnerin liebevoll gepflegt wird.

Ein winterlicher Blick auf die 700 Jahre alte Jakobuskirche mit dem Schulhaus.
Foto: Lilo Breitenbach

### ■ Mit dem Schatz guter kirchlicher Tradition auf dem Weg in Gottes Zukunft

Wer sagt: In Mittelsinn ist die Kirche noch mitten im Ort, hat damit nicht nur hinsichtlich des Kirchengebäudes recht. Der Gottesdienst ist überdurchschnittlich gut besucht und die großzügigen Spenden lassen manchen Pfarrer aus anderen Gemeinden nur erstaunen. Das Verhältnis zu den katholischen Geschwistern ist sehr gut und entkrampft. Nur zwei Defizite gibt es: Die jüngere Generation ist unterrepräsentiert und die Christen in der politischen Gemeinde Aura müssen noch mehr in das Gemeindeleben integriert werden. Hier sind alle gemeinsam gefordert.

Die Orgel wurde 1758 gebaut.
Foto: Hildegard Krämer

Die Kirchenmusik wird in Mittelsinn groß geschrieben. Der Posaunenchor leistet stets große Dienste bei der Begleitung von Beerdigungen und vieler festlicher Gottesdienste. Der Kirchenchor ist ebenfalls nicht wegzudenken, auch wenn er unter Nachwuchsmangel leidet. Was wären die Konfirmationen und die großen Festgottesdienste ohne die Stimmen des Kirchenchores? Das jüngste Gewächs ist der Singkreis, der hauptsächlich von der jüngeren und mittleren Generation besucht wird und sich mehr mit moderner christlicher Musik beschäftigt.

Die Bibelstunde und der Bibelkreis, die Bibelwochen, Kindergottesdienste und Kinderbibelwochen setzen Impulse und laden ein zur Gemeinschaft um Gottes Wort. In Obersinn findet jeden ersten Sonntag im Monat und an den großen kirchlichen Feiertagen um 8.30 Uhr ein Gottesdienst in der katholischen Kirche statt. Die Zusammenarbeit mit der dortigen katholischen Gemeinde ist vorbildlich, alle großen Seniorentage werden dort und in Mittelsinn mit einem ökumenischen Gottesdienst begangen.

Einmal im Monat findet sowohl in Obersinn als auch in Mittelsinn ein Seniorennachmittag statt, bei dem neben Kaffee und Kuchen und ausgiebiger Zeit für einen gemütlichen Plausch oft auch über ein Thema referiert und nachgedacht wird. Überall, wo bei Festen und besonderen Veranstaltungen helfende Hände und eine gute Organisation gebraucht werden, zeigt der Kirchenvorstand, welch tatkräftige Mannschaft er ist. Das neue gegründete Gemeindebriefteam versorgt die Gemeinde monatlich mit den neuesten Nachrichten. Jeder und jede, alle, die sich einbringen, bauen gemeinsam am Reich Gottes.

Und dabei wissen alle: An Gottes Segen ist alles gelegen. Wo der Herr nicht das Haus baut, bauen die Bauleute vergeblich. Am Haus bauen wir weiter, das Fundament steht schon fest: Jesus Christus – gestern, heute und derselbe auch in Ewigkeit.

HILDEGARD KRÄMER *und* GUNNAR ZWING, *Pfarrer*

# Partenstein

*Aus der Zeit vor der Reformation ist von der Pfarrei Partenstein nur wenig bekannt. 1344 wurde sie erstmals urkundlich erwähnt. Das älteste Gotteshaus wird wohl die Burgkapelle gewesen sein, die sich auf dem Schlossberg befand.*

Im Laufe des 15. Jahrhunderts wurde dann im Tal eine Pfarrkirche erbaut, die 1562 Opfer eines Großbrands wurde. Ihr Altar wurde 1471 durch Weihbischof Siegfried Piscator von Mainz zu Ehren Johannes des Täufers und der Märtyrer Kilian und Georg geweiht.

Luthers Reformation fand bald in Partenstein Eingang. Schon 1527 wurde Conrad Faber als erster evangelischer Pfarrer am Ort genannt. Partenstein stand zu jener Zeit unter der Herrschaft der Grafen v. Rieneck. Der letzte Angehörige dieses Geschlechts, Philipp III., wandte sich bald der Reformation zu und bestellte darum auch für sein Herrschaftsgebiet überall evangelische Prediger. Als er 1559 ohne männliche Erben starb, erhielten die Grafen v. Hanau in Gemeinschaft mit Kurmainz die Hälfte des Amtes Partenstein. Diese doppelte Herrschaft kennzeichnete die konfessionellen Auseinandersetzungen der kommenden Jahrzehnte und Jahrhunderte. Die Erzbischöfe von Mainz wollten ihre Religion als alleinberechtigt durchsetzen, aber Hanau konnte es doch erreichen, dass in Partenstein ständig ein Pfarrer der „Augsburgischen Konfession" seinen Dienst ausübte.

Der 30-jährige Krieg fügte dem Ort schwere Schäden zu. Die Burg mit ihrer Kapelle, die Kirche, das Pfarrhaus und ein großer Teil des Dorfes wurden zerstört. Die Kriegsfolgen bestanden auch darin, dass bis 1710 die Pfarrei Partenstein mit Lohrhaupten vereinigt und von einem einzigen Pfarrer betreut wurde. Dieser hatte zunächst seinen Sitz in Lohrhaupten. Als aber 1675 dort das Pfarrhaus und die Kirche abbrannten, verlegte er seinen Amtssitz nach Partenstein. Darum sind auch die Kirchenbücher der Gemeinde seit

Blick in die evangelische Friedenskirche Frammersbach.
*Foto: Manfred Müßig*

1675 bis zum heutigen Tag lückenlos vorhanden.

### ■ Die Geschichte von Kirche und Glocken

Die heutige Kirche wurde 1830 und 1831 im spätklassizistischen Stil errichtet und am 20. November 1831 eingeweiht. Da der Boden morastig ist, wurde sie auf einem Pfahlrost aus Holz erbaut, der das Kirchengebäude gut 160 Jahre lang getragen hat. Allerdings musste er 1988 durch ein Betonfundament ersetzt werden. Einem „kirchlichen" Zweck diente das noch verwendbare Bauholz trotzdem weiter: Aus den Balken wurden kleine Holzkreuze gefertigt, die nicht nur in Partenstein an so mancher Wohnzimmerwand an den Grund und Inhalt des christlichen Glaubens erinnern.

Doch zurück zur Kirche: Das Schiff ist 21,95 Meter lang, 13,15 Meter breit und 11,7 Meter hoch. 1931 wurde sie anlässlich der 100-Jahrfeier ihres Bestehens außen gründlich renoviert. Die vorletzte Außenrenovierung wurde 1973 vorgenommen. Im Zuge dieser Maßnahme wurde die alte Sakristei abgerissen und eine vollkommen neue an teilweise anderer Stelle errichtet. Die letzte Außenrenovierung erfolgte 1988.

Bei der Innenrenovierung von 1958 erhielt die Kirche einen Sandsteinaltar mit einem Kreuz aus emailliertem Silber, das Szenen aus der Offenbarung des Johannes darstellt. Ebenfalls 1958 kam die jetzige Orgel an ihren heutigen Platz, die von der Firma Steinmeyer in Oettingen umgebaut wurde und 15 klingende Register umfasst. Im Juli 2000 konnte eine gründliche Überholung der Orgel durch die Firma Lutz aus Feuchtwangen vorgenommen werden. Die vorerst letzte Innenrenovierung erfuhr die Kirche 1991.

Die vier Glocken stiftete 1921 die politische Gemeinde von Partenstein. Sie sind in der Tonfolge d', fis', a', h' gestimmt. Die vorhandene Uhr ist ebenfalls im Besitz der politischen Gemeinde, die am Turm die primäre Baulast trägt.

Besonders erwähnenswert ist das „Silberglöcklein", das im Kirchturm hängt und von Hand bedient werden muss. Nach mündlicher Überlieferung soll es aus der Burgkapelle des Jagdschlosses in Partenstein stammen. Dieses Schloss wurde im 30-jährigen Krieg von den Schweden zerstört. Seine Reste sind heute nur noch als Ruine erhalten. Das Glöckchen hat einen hohen Klang (c") und wird nur zu ganz besonderen Anlässen geläutet. Es trägt eine Inschrift, die aber leider schwer zu entziffern ist. Das Gewicht beläuft sich auf knapp einen Zentner, die Wandstärke auf drei cm und die Höhe auf 35 cm. Der untere Durchmesser der Glocke beträgt 40 cm, der obere Durchmesser 23 cm. Der Silberanteil dürfte nicht so hoch sein wie ursprünglich angenommen.

Das Pfarrhaus wurde von 1848 bis 1853 errichtet, in den Jahren 1968 und 1969 erfolgte ein gründlicher Umbau mit Erweiterung zu einem Gemeindezentrum. Neben der Pfarrwohnung mit Büroräumen ist auch ein Gemeindesaal mit einer Fläche von etwa 80 Quadratmetern entstanden. Die ehemalige Schwesternwohnung wurde 1999 zu einem Gemeinderaum umgebaut, in dem sich auch die öffentliche Bibliothek befindet.

Seit 1951 betreuten Diakonissen fast ununterbrochen alte und kranke Menschen in Partenstein und Umgebung. Sie kamen aus den Mutterhäusern Lehmgruben (Marktheidenfeld) und Hensoltshöhe (Gunzenhausen). 1994 wurde der bis dato bestehende Freundeskreis in den „Evangelischen Diakonieverein Partenstein und Umgebung e.V." umgewandelt, der auch die Kirchengemeinde von der Trägerschaft entbunden hat. Zurzeit sind beim Diakonieverein fünf Schwestern als Voll- bzw. Teilzeitkräfte in der ambulanten Alten- und Krankenpflege beschäftigt. 1997 verließ die letzte hier tätige Diakonisse Partenstein.

Jahrhundertelang war Partenstein die einzige evangelische Pfarrei im weiten Umkreis. Von hier aus wurden auch die wenigen evangelischen Einwohner Lohrs und der umliegenden Spessartorte betreut. Auch Gemünden und Marktheidenfeld gehörten zeitweilig mit dazu, bevor sich dort selbstständige evangelische Gemeinden gründeten. Heute umfasst die Evangelisch-Lutherische Kirchengemeinde Partenstein

Die evangelische Christuskirche in Partenstein.
Foto: Manfred Müßig

Heilig-Geist-Kapelle Neuhütten.
Foto: Manfred Müßig

etwa 2300 Seelen. Neben dem Hauptort Partenstein mit 1550 Gemeindegliedern gehören Frammersbach mit dem Ortsteil Habichsthal sowie die Ortschaften Neuhütten und Wiesen sowie Wiesthal mit dem Ortsteil Krommenthal zur Kirchengemeinde. Ruppertshütten wurde 1996 nach Lohr ausgegliedert.

### ■ Die evangelische Gemeinde in Frammersbach

Das Ende des Zweiten Weltkrieges und seine verheerenden Folgen brachte auch für die Marktgemeinde Frammersbach einschneidende Veränderungen mit sich. Viele Heimatvertriebene und Flüchtlinge suchten und fanden im Spessart eine neue Bleibe. Sie kamen aus Schlesien und Ostpreußen, aus dem Sudetenland und aus Pommern. Erstmals seit den Ereignissen der Gegenreformation war wieder eine größere Zahl evangelischer Christen in Frammersbach zu verzeichnen. In der folgenden Zeit wurden es mehr und mehr. Außerdem zogen auch evangelische Bürger aus Partenstein und den hessischen Nachbargemeinden zu, insbesondere durch Eheschließungen mit Frammersbachern. Eine weitere Zunahme der evangelischen Gemeinde ergab sich aus der Tatsache, dass es zahlreichen Urlaubern aus dem Ruhrgebiet, Berlin und dem Frankfurter Raum in Frammersbach so gut gefiel, dass sie sich hier ganz niederließen. Vor allem viele Rentner und Pensionäre kamen in den Ort, um hier ihren Lebensabend zu verbringen. Heute leben in Frammersbach einschließlich des Ortsteils Habichsthal etwa 400 evangelische Gemeindeglieder.

Der erste evangelische Gottesdienst für die neu entstandene Flüchtlingsgemeinde wurde von Pfarrer Seyboth am Sonntag Reminiszere, dem 13. März 1946, in der alten Schule am Marktplatz gehalten, wobei das Schulzimmer die etwa hundert Besucher fast nicht fassen konnte. Hier fanden dann bis zum Frühjahr 1976 zunächst einmal im Monat, später zweimal monatlich die Gottesdienste statt.

Am 27. Juni 1970 beschloss der Rat der Marktgemeinde Frammersbach, dem Antrag der evangelischen Kirchengemeinde zu entsprechen und im Baugebiet „Östlich der Agneshohl" ein Grundstück für ein Gemeindezentrum auszuweisen. Die Kirchenleitung in München stimmte 1973 dem Erwerb des dafür vorgesehenen Geländes zu und erteilte am 4. April 1974 die Genehmigung zur Errichtung eines Gemeindehauses in Fertigbauweise.

Da im behördlichen Genehmigungsverfahren Verzögerungen eintraten, konnte der Bau erst im Oktober 1975 begonnen werden. Die Einweihung des Gemeindezentrums „Friedenskirche" fand am 7. März 1976 durch Oberkirchenrat Meiser aus Ansbach statt. Seitdem trifft sich die Gemeinde hier alle 14 Tage zum Gottesdienst. Der Frauenkreis Frammersbach kommt ebenfalls 14-tägig zusammen. Die unteren Räume der Kirche werden durch Mutter-und-Kind-Gruppen genutzt.

### ■ Die evangelische Gemeinde in Neuhütten

Die neueste Errungenschaft der evangelischen Gemeinde ist eine Kapelle in Neuhütten, die von ihrem Stifter Gerhard Annemüller aus Dankbarkeit für erfahrene Behütung und Heilung in nur acht Monaten erbaut wurde.

Die „Heilig-Geist-Kapelle" wurde am 14. Oktober 2000 durch Dekan Michael Wehrwein und Pfarrer Michael Nachtrab eingeweiht. Alle 14 Tage wird der Gottesdienst gefeiert, und zwar am Samstag um 15.30 Uhr oder um 18.30 Uhr.

Die Einweihung der Kapelle war ein Zeugnis geschwisterlich-ökumenischen Geistes, da auch viele katholische Christen durch Spenden oder persönlichen Arbeitseinsatz zur Realisierung beigetragen haben.

### ■ Partnerschaft heute in Partenstein und den Diasporaorten

Abschließend sei noch kurz über das Verhältnis der beiden Konfessionen in Partenstein berichtet. Hier werden – wie auch in Wiesthal – regelmäßig ökumenische Gottesdienste abgehalten. Die Schulgottesdienste in Partenstein sind grundsätzlich ökumenisch. Gleiches gilt auch für die Kinderbibeltage in Partenstein und Wiesthal. Seit über dreißig Jahren existiert ein ökumenischer Seniorenkreis, der immer noch rege Beteiligung erfährt. Für die Gottesdienste der Gemeinde haben die katholischen Pfarreien Wiesthal, Neuhütten und Wiesen ihre Kirchen zur Verfügung gestellt.

Die evangelische Gemeinde in Partenstein ist noch in ihrer Geschichte verwurzelt, kann aber sehr aktiv sein. Sie ist bestrebt, gute und bewährte Traditionen zu erhalten. Die Diasporaorte können zwar keine Tradition aufweisen, doch gibt es auch hier – und vielleicht *gerade* hier – sehr aktive Gemeindeglieder.

Michael Nachtrab, *Pfarrer*

# Völkersleier

*Die selbstständige Kirchengemeinde Völkersleier mit circa 160 Gemeindegliedern gehört heute zur Pfarrei Dittlofsroda. Völkersleier hat eine turbulente Kirchen- und Ortsgeschichte vorzuweisen. In früherer Zeit gehörte der Ort den Herren v. Thüngen.*

Ein Drittel des Dorfes gelangte 1577 in die Hand des Juliusspitals Würzburg. Damit ging auch das Patronatsrecht, das seit alters her die Herren v. Thüngen ausübten, zu einem Teil an das Juliusspital über. Dies führte in der folgenden Zeit zu zahlreichen Spannungen. Als die Herren v. Thüngen den Katholiken keine Zugeständnisse machen wollten, versuchten diese, ihr Anliegen mit Gewalt zu erreichen. Der Vogt des Spitals fiel 1688 mit 50 Mann von Windheim aus in Völkersleier ein, nutzte die Abwesenheit des Gutsherrn und ließ die Tür des Gotteshauses aufbrechen. Der Pfarrer von Wolfsmünster musste trotz heftigen Protests des Schultheißen eine Taufe vollziehen. Nach weiteren Ereignissen dieser Art wurde schließlich den Katholiken die Mitbenutzung der Kirche gewährt. 1820 musste das Gotteshaus wegen Baufälligkeit geschlossen werden, später wurde es abgerissen.

1914 erfolgte die Grundsteinlegung einer evangelischen Kirche. Der Erste Weltkrieg unterbrach aber die Bautätigkeit. In den folgenden Jahren brachten viele Gemeindeglieder große Opfer, um Material und Geld zu beschaffen.

Der Altarraum der Gustav-Adolf-Kirche.
*Foto: Reinhold Schierle*

## VÖLKERSLEIER

Dank einer beachtlichen Zuwendung seitens des Gustav-Adolf-Werkes konnte die Kirche 1920 eingeweiht werden. An der steil aufragenden Stützmauer unterhalb des Gotteshauses ist ein in Stein gehauenes Bild des schwedischen Königs Gustav Adolf zu sehen. Es erinnert an den Retter des Protestantismus in der Notzeit des 30-jährigen Krieges. Die Kirche, die von einer gepflegten Grünanlage umgeben ist, ragt in der Mitte des Dorfes auf einer Anhöhe empor. Nachdem Mauer und Treppe 1970 gründlich renoviert wurden, trägt das Gotteshaus bis heute zur Verschönerung des Ortsbildes bei.

FRIEDRICH DINTER, *Pfarrer i. R., überarbeitet von* SIEGHARD SAPPER, *Pfarrer*

Die Gustav-Adolf-Kirche in Völkersleier.
*Foto: Reinhold Schierle*

# Waizenbach

*In früher Zeit gehörte Waizenbach zur Fürstabtei Fulda und bildete eine der Filialen der Pfarrei Wolfsmünster. Der Ort war unter dem Namen „Neun Höfe" bekannt. Durch Gebietstausch gelangten die Herren von Thüngen in den Besitz des Ortes. Sie führten die Reformation ein.*

Kirchlich wurde Waizenbach in dieser Zeit – wie auch heute wieder – von Dittlofsroda betreut, einige Zeit sogar von Geroda. Als Waizenbach an das Juliusspital Würzburg fiel, wurde die Entfaltung der evangelischen Gemeinde verhindert. Der katholische Pfarrer von Wolfsmünster bekam 1685 die Anweisung, die Kinder des Ortes mit Hilfe von Würzburger Beamten zum Besuch der katholischen Kirche und Schule zu zwingen.

Erst als das Hofgut Waizenbach in den Besitz der Generalswitwe Magdalena Regina von und zu Truchseß, geb. von Joestelberg, kam, konnte die reformatorische Lehre wieder frei verkündigt werden. So wurde 1734 Leonhard Fleiner aus Wertheim als Pfarrer nach Waizenbach berufen. Die Generalswitwe und ihre Schwester gründeten ein Adeliges Damenstift und stärkten damit die Position der evangelischen Christen. Noch heute zeugen Grabsteine in der Kirche von Waizenbach von dieser Zeit.

Mit der Gründung des Damenstifts war auch die Verpflichtung erloschen, das Gotteshaus für katholische Gottesdienste zu öffnen. Heute denken wir über die gemeinsame Benutzung von Kirchen anders. Doch damals war dies ein Politikum, so wurde die Benutzung für die andere Konfession oft mit Gewalt erzwungen.

Der Dezember 1769 veranschaulicht, wie hart – und mit welchen ungeistlichen Mitteln – vor allem um die junge Generation gerungen wurde. Am 9. Dezember 1769 kam der Amtsvogt von Wolfsmünster mit 30 Bewaffneten nach Waizenbach, um die von einem evangelischen Pfarrer vollzogene Taufe eines Kindes katholischer Eltern zu ahnden. Vier Tage später fiel er mit 150 Mann ein, umzingelte das Haus eines Stiftsuntertanen und ließ die Eingänge so lange besetzen, bis dessen Frau entbunden und der Pfarrer von Wolfsmünster das Kind getauft hatte. Dies geschah in der zweiten Hälfte des aufgeklärten 18. Jahrhunderts! Doch schon wenige Jahrzehnte später kam es in Unterfranken vor, dass sich Pfarrer beider Konfessionen bei Amtshandlungen gegenseitig vertraten.

Im Zuge einer Neuordnung der Kirchenverhältnisse wurde Waizenbach im neuen Königreich Bayern im 19. Jahrhundert Sitz eines Dekans. Pfarreien aus Spessart und Rhön, von Partenstein bis Geroda gehörten dem neu gebildeten Dekanat an. Dies ist auch heute noch der Fall, nur befindet sich der Dekanatssitz jetzt in Lohr a. Main.

Kurz vor Ende des Zweiten Weltkrieges verlor Waizenbach am 5. April 1945 durch einen Bombenangriff die alte Kirche. 1949 begann die Gemeinde, ihr Gotteshaus wieder aufzubauen. Zuschüsse des Adeligen Damenstifts, das noch heute die Baulast an der Kirche innehat, sowie finanzielle Mittel der Landeskirche förderten den Wiederaufbau. Doch besonders hervorzuheben sind die Eigenleistungen der Waizenbacher Gemeindeglieder. Groß war darum die Freude, als 1950 die neue Kirche eingeweiht werden konnte. Tatkräftiger Förderer des Neubaus war Pfarrer Hermann Reuther, der noch heute bei vielen Waizenbachern in hohem Ansehen steht und nicht vergessen ist.

Im Zuge kirchlicher Gebietsreform verlor Waizenbach 1928 endgültig den Dekanatssitz, 1973 schließlich den Pfarrsitz. Die Selbstständigkeit der Kirchengemeinde aber blieb unangetastet. Sie hat circa 260 Gemeindeglieder und wird seelsorgerlich von Dittlofsroda aus betreut.

Die evangelische Kirche steht im Ortszentrum von Waizenbach.
Foto: Reinhold Schierle

FRIEDRICH HECKEL, *ehem. Dekan in Lohr, Pfarrer i. R., überarbeitet von* SIEGHARD SAPPER, *Pfarrer*

# Weickers-
# grüben

*Weickersgrüben, am Fuße des Sodenbergs im romantischen Saaletal gelegen, wird 1373 erstmals urkundlich erwähnt.*

Alte Flurnamen in der Gemarkung deuten jedoch auf eine wesentlich frühere Besiedlung durch die Kelten um 100 v. Chr. im Saaletal hin. Nach der thüringischen Zeit ging Weickersgrüben zur Zeit Karls des Großen im Jahre 777 an das Kloster Fulda. Das Dorf und das Gericht wurde dem Rieneck-Mainzischen Lehen zugeordnet, das von 1346 bis 1438 im Besitz derer v. Thüngen war. Im 16. Jahrhundert fiel ein Teil des Ortes über das Juliusspital dem Bistum Würzburg zu.

Anfänglich zur Urpfarrei Wolfsmünster gehörig, erfuhr die Tochterkirchengemeinde Weickersgrüben ab der Reformationszeit eine sehr wechselhafte Geschichte. 1530 führte das Rittergeschlecht von Thüngen die Reformation ein, wodurch es fortan zwei Konfessionen im Ort gab. Mit der dortigen Gegenreformation kam die evangelische Gemeinde Weickersgrüben um 1653 zu Dittlofsroda, 1682 wurde sie von Geroda aus betreut, bis sie 1725 wieder an Dittlofsroda gelangte. Große Verluste für die evangelische Kirche brachten Güterverkäufe der Herren von Thüngen zur Zeit der Gegenreformation. Durch vorübergehenden Übergang an eine katholische Linie der Thüngen wurde auch die Kirche in Weickersgrüben kurzzeitig ganz katholisch. Die Gemeindeglieder blieben ihrem evangelischen Glauben aber weiterhin treu. Jahrzehntelang setzten die Bauern den fortwährenden Rekatholisierungsbemühungen einen unbeugsamen Widerstand entgegen, wodurch 1724 das Mitnützungs- und Miteigentumsrecht an der ihnen widerrechtlich entrissenen Kirche vertraglich gesichert wurde. Der

Turm der Kirche ist Teil einer alten Befestigungsanlage, die Neidhard II. von Thüngen 1563 errichten ließ. 1710 wurde die Kirche renoviert. Seit 1750 wohnten Schutzjuden im Weickersgrübener Schloss, was ihm den Namen „Judenschlösschen" einbrachte. Die Schriftstellerin Gertrude Stein beschreibt den Auszug ihrer Großeltern aus diesem Schloss in dem Bestseller „Lost Generation". Im 19. Jahrhundert wurde der Kirchenanbau errichtet. Bereits von 1596 bis 1607 wurde die Roßmühle an der Saale durch Neidhard IV. erbaut. Heute ist der Campingplatz Roßmühle ein gut besuchtes und beliebtes Urlaubsziel.

Zur wechselhaften Geschichte der evangelischen Christen in Weickersgrüben ist noch zu erwähnen, dass die Kirchengemeinde nach der Zugehörigkeit zu Dittlofsroda von 1725 bis 1913 zuerst Waizenbach zufiel. Karitativ wurde sie aber bis 1920 noch durch Dittlofsroda betreut und später von Hammelburg. 1929 wurde Weickersgrüben Tochterkirchengemeinde von Hammelburg, 1957 wieder von Dittlofsroda, bis es letztendlich 1973 der Pfarrei Höllrich-Heßdorf eingegliedert wurde.

1911 wurde das Recht auf Mitbenutzung der katholischen Kirche im Ort von der evangelischen Kirchengemeinde aufgegeben, denn man plante, ein eigenes Gotteshaus zu erbauen. Der Erste Weltkrieg verhinderte die Vollendung des angefangenen Werkes. Die Gottesdienste mussten nun in einem sehr dürftig ausgestatteten Betsaal in der Schule gehalten werden. 1923 wurde auf dem späteren Kirchengrundstück ein eigener Friedhof eingerichtet. Am 15. Oktober 1961 ging der lang ersehnte Wunsch nach einem eigenen Gotteshaus endlich in Erfüllung: Nach nicht ganz einjähriger Bauzeit konnte die moderne und schlicht gehaltene Auferstehungskirche an einem Berghang neben dem Friedhof eingeweiht werden. Im Frühjahr 2001 begann man mit einer umfangreichen Renovierung der Kirche nach ökologischen Gesichtspunkten. Sonnenkollektoren auf dem Kirchendach regulieren über ein Gebläse und Rohrsystem im Gemäuer den Wärme- und Feuchtigkeitshaushalt in der Kirche und speisen eigenen Strom ins Netz.

ROBERT WEBER, *Pfarrer*

Die Auferstehungskirche wurde 1961 eingeweiht.
*Foto: Unbekannt*

# Weißenbach

*Weißenbach ist durch seine Gebäude und im Denken geprägt vom jahrhundertelangen Wirken der Freiherren v. Thüngen.*

Wolf-Hartmann Freiherr v. Thüngen.
*Foto: Privat*

Als der letzte Gesamterbe der Familiengüter im Januar 2001 verstarb, wurde unter einem Bibelwort folgende Inschrift auf seinem Grabstein aus massivem roten Sandstein eingemeißelt:

*Wolf-Hartmann Freiherr v. Thüngen – Kommendator des Johanniterordens – Patronatsherr in der Thüngenschen Cent – Herr auf Weißenbach, Thüngen, Höllrich und Sodenberg – Wahrer und Mehrer des Erbes.*

Über 40 Jahre lang hatte er an der Orgel die Gottesdienste begleitet.

Die älteste Erwähnung des Ortsnamens Weißenbach geschieht in einem Schlüchterner Repetitorium aus der Mitte des 16. Jahrhunderts: Hiernach ist Weißenbach im Jahre 1015 zum Bezirk des Klosters Schlüchtern gekommen. Urkundlich wird Weißenbach erstmals 1167, dann zusammen mit Detter 1304 erwähnt. Es gehörte damals zur Herrschaft der Herren v. Steckelberg. Seit 1358 befindet sich Weißenbach aufgrund der Heirat des Lutz v. Thüngen mit Jutta v. Steckelberg in Thüngenschem Besitz.

Die Pfarreien der Fürstabtei Fulda, Oberleichtersbach und Brückenau nahmen 1526 den evangelischen Glauben an; in Weißenbach wurde die Reformation 1553 durch Neidhard v. Thüngen eingeführt. Um diese Zeit sind die Kirche in Detter (vermutlich seit 1499) und in Heiligkreuz (sehr wahrscheinlich viel älter) nachgewiesen. Beide gehören zur Pfarrei Zeitlofs, die seit 1453 einen eigenen Priester hat. Im Jahre 1577 wird das Schloss in Weißenbach urkundlich erwähnt. 1583 wird das Bestehen einer Schlosskirche in Weißenbach dokumentarisch nachgewiesen.

1596 wurde durch die Familie v. Thüngen für Detter eine „Dorfordnung" erlassen, die sicherlich auch für Weißenbach galt, weil beide Orte zur Herrschaft Thüngensche Cent gehörten. Die erste Bestimmung dieser Dorfordnung besagte, dass die Untertanen an gebotenen Feiertagen bei Strafe die Predigt besuchen, den Feiertag zu heiligen und sich des Gotteslästerns zu enthalten hätten. Ein Nachtwächterdienst wurde eingerichtet. „Die Vierer" wurden eingesetzt und hatten z. B. bei Schaden, den das Vieh dem Nachbarn zufügte, zu entscheiden.

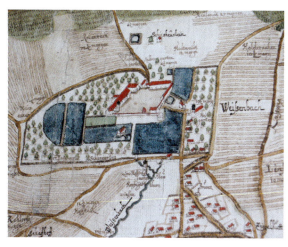

## ■ Der 30-jährige Krieg

Der 30-jährige Krieg hinterließ in Weißenbach grauenhafte Spuren. 1625 hatten die drei Schlossherren zu Weißenbach, Zeitlofs und Roßbach jede Woche 140 Taler als Kriegssteuer zu entrichten. Das waren in heutiger Währung mehr als dreitausend Euro wöchentlich! Die Herren v. Thüngen beschwerten sich beim Markgrafen von Ansbach, weil die Güter wertlos wurden und die Untertanen diese Lasten nicht mehr tragen konnten. Die Menschen flohen aus Angst vor Plünderungen durch das wallensteinische kaiserliche Heer in die dichten Wälder und brachten ihr Vieh in der einsam gelegenen Mittelmühle zwischen der Heckmühle und Heiligkreuz in Sicherheit. 1627 mussten Thüngensche Truppen zum Schutz der Bevölkerung und Dörfer ausrücken.

Nach dem Tode Gustav Adolfs von Schweden rückten 1632 die Kaiserlichen wieder vor. Wer nicht von seinem Besitz floh, fiel ihnen zum Opfer; die Bauern zogen sich wieder in die Wälder der Thüngenschen Cent zurück. Alle Dörfer waren damals ausgeplündert und zerstört und der Zeitlofser Pfarrer verjagt. Die Ortschaft Niederdetter ist seitdem verschwunden, die Fluren blieben unbebaut und verwüstet. Es folgte eine grauenvolle Hungersnot, der besonders in den Jahren 1635 und 1636 viele Menschen zum Opfer fielen. Dazu kam noch die sich immer weiter ausbreitende Pest.

Gegen Ende des 30-jährigen Krieges lebte in Weißenbach noch eine Familie, in Zeitlofs waren es vier, in Rupboden zwei. In Weißenbach standen 1645 noch vier Häuser, das Schloss war zerstört, auf dem Gut war seit acht Jahren nichts mehr geerntet worden! Lediglich 17 völlig verarmte Thüngensche Untertanen hatten in der Cent überlebt!

Das in dieser Karte dargestellte Schloss wurde seit 1723 nicht mehr bewohnt und zerfiel. An seiner Stelle wurde 1784 das jetzige Schloss errichtet. Einige der Teiche umgeben das Schloss bis heute.

*Reproduktion: Frank-Michael Rommert*

Die Kirche in Weißenbach wurde früher als Zehntscheune genutzt.
Foto: Frank-Michael Rommert

### Der Wiederaufbau

Erst 1678 konnte durch Johann Friedrich v. Thüngen in Weißenbach der zielstrebige Wiederaufbau beginnen. Er berief im Jahre 1680 Pfarrer Nothnagel als Schlossprediger. 1684 wurde ein eigener Friedhof angelegt, der bis 1870 neben der etwa 1680 errichteten Kirche in Benutzung blieb. 1689 ist ein Schlossschullehrer namens Johannes Balthasar Kühnreich für die Schloss- und Dorfkinder eingestellt worden.

In der Zeit von 1713 bis 1720 ist unsere Gegend erneut, aber letztmals durch die Pest verheert worden. Etwa 1725 – also erst 77 Jahre nach Ende des 30-jährigen Krieges – sind die meisten Felder in Weißenbach wieder angebaut. Im Jahr 1736 wird in Weißenbach das erste Mal „die Grundbirne", die Kartoffel, angebaut. Nach dem Tode von Pfarrer Nothnagel versahen die Zeitlofser Pfarrherren die ganze Thüngensche Cent und hielten abwechselnd in Detter, Heiligkreuz und Zeitlofs Gottesdienst.

1745 stiftete der damalige alleinige Besitzer der Thüngenschen Cent, Philipp Christoph Dietrich Reichsfreiherr v. Thüngen, „aus Dankbarkeit für die dem hochfreiherrlichen Hause von Gott erwiesenen Wohltaten" die Pfarrei Weißenbach. Im Jahr 1746 ließ er das Weißenbacher Pfarrhaus bauen.

Als von 1678 an das zweite Schloss neu erbaut wurde, ging man auch daran, die bisherige Zehntscheune zu einer Kirche umzubauen. Die im Kellergeschoss vorhandenen Vorratsräume blieben dabei erhalten und wurden weiter genutzt. 1784 ist dann das noch jetzt von der Familie Thüngen bewohnte dritte Schloss in Weißenbach durch Friedrich Wilhelm Freiherr v. Thüngen erbaut worden.

1796 lagerten im September auf dem Buchrasen bei Oberleichtersbach etwa 30 000 Franzosen; alle Dörfer waren verlassen und von den Franzosen „überschwemmt". Geroda wurde ein Raub der Flammen, Eckarts total ausgeplündert und Bad Brückenau ruiniert. Die Folge war eine Bauernerhebung gegen die Franzosen, ihre Hauptwaffe war die Mistgabel. Noch heute erinnert die damals entstandene Redensart an diese Zeit: „Franzos stich – ein Loch; Bauer stich – drei Loch". An Blattern oder Pocken starben in Weißenbach im Jahr 1800 allein 61 Menschen, darunter 23 Kinder. Erst als die „schreckliche Zeit der Franzosen" 1814 beendet war, wurde auch die Thüngensche Cent in das neue Königreich Bayern einverleibt und verlor ihre Selbstständigkeit. 1820 mussten die Freiherren v. Thüngen die bis dahin besessene Patrimonialgerichtsbarkeit an das Königreich Bayern abtreten.

Schon bald nach der Errichtung einer eigenen Pfarrei Weißenbach wurde die Kirche als ruinös bezeichnet. Schließlich standen nur noch die Außenmauern. Im Februar 1826 wurde beschlossen, die Kirche wieder instand zu setzen. Am 30. Oktober 1831 fand die feierliche Weihe der Kirche statt.

1826 wurde die wirtschaftliche Lage immer trostloser; viele junge Menschen verließen ihre Heimat und wanderten nach Amerika aus: 1831 waren es 21 Personen, 1833 dann 37, 1834 entschlossen sich 33 Personen und 1837 wieder 24 Personen, Weißenbach zu verlassen. Zur Armut gesellten sich ansteckende Krankheiten; so starben 1832 in der Pfarrei 23 Kinder an Masern.

1830 wurde eine Orgel in die renovierte Weißenbacher Kirche

Das Gehäuse der Weißenbacher Orgel stammt aus dem Jahr 1830.
Foto: Frank-Michael Rommert

eingebaut, die bis 1974 ihren Dienst tat und dann durch eine neue zweimanualige Schleifladen-Orgel der Firma Walcker aus Ludwigsburg ersetzt wurde.

Die Thüngensche Herrschaft hatte im Jahre 1746 zwei Glocken gestiftet. Sie wurden aber wegen der Baufälligkeit der Kirche im Blauen Turm im Wiesengrund aufgehängt. Erst im Jahre 1831 konnten sie im neu erbauten Gotteshaus untergebracht werden. Den beiden Glocken ist die Ablieferung im 1. und 2. Weltkrieg erspart geblieben. Im Jahre 1939 weigerte sich die Gemeindeverwaltung, das auf zwei Mark angesetzte Läuten am Samstag um 14 Uhr und das erste und zweite Läuten zum Sonntags-Gottesdienst zu bezahlen. Diese Entlohnung übernahm die Kirchenkasse.

1869 bis 1870 wurde die neue Bahnstrecke Gemünden–Sterbfritz gebaut. Die beiden Brücken bei Jossa und Obersinn sind damals aus Steinen des Thüngenschen Waldes in der Detterer Waldabteilung Finsterbuch erstellt

Johann Friedrich v. Thüngen kümmerte sich nach den Zerstörungen des 30jährigen Krieges um den Wiederaufbau in Weißenbach.
*Reproduktion: Frank-Michael Rommert*

worden. Bis 1945 standen die Brücken, dann wurden sie völlig sinnlos durch deutsche Pioniere gesprengt.

1891 wurde die Anschlussstrecke der Eisenbahn von Jossa nach Brückenau fertig gestellt. 1892 vernichtete ein furchtbarer Hagelschlag in wenigen Minuten die gesamte Ernte, 1893 brachte eine große Dürre in Weißenbach wiederum viel Not. Als eine Auswirkung dieser Dürre verdorrten unzählige Bäume im Walde, was zur Folge hatte, dass Neuaufforstungen notwendig wurden. Den Erkenntnissen der damaligen Forstwirtschaft entsprechend begann man, die Fichte anzupflanzen. Der Wald bildet seit jeher die hauptsächliche wirtschaftliche und landskulturelle Grundlage dieser Gegend. 1912 wurde in Weißenbach das neue Forsthaus erbaut. Es beherbergte bis 1989 die Thüngensche Hauptverwaltung.

Im Jahre 1846 schloss die Gemeinde mit der Herrschaft einen Vertrag über die Baulast an dem Kirchen- und Pfarrgebäude.

■ **Ende des Kirchenpatronats**

Aufgrund eines neuen Kirchengesetzes wurde 1969 das Freiherrlich v. Thüngensche Kirchenpatronat – mittels Vereinbarung und gegen Zahlung einer erheblichen Summe durch die Patrone an die evangelische Kirche – von allen Baulastverpflichtungen und daraus hergeleiteten Ansprüchen der Kirchenstiftungen bzw. Kirchengemeinden freigestellt. Vorangegangen waren lang andauernde Verhandlungen zwischen dem Evangelisch-Lutherischen Landeskirchenrat und dem Bevollmächtigten der Freiherren v. Thüngen, Wolf-Hartmann Freiherr v. Thüngen.

Die Vereinbarung gilt für alle Ansprüche aus Vergangenheit, Gegenwart und Zukunft. Außerdem verzichteten die Kirchenpatronate für sich und ihre Rechtsnachfolger auf sämtliche Patronatsrechte einschließlich der Präsentationsrechte in den umliegenden Pfarreien. Ebenfalls erloschen sind die folgenden Rechte des Freiherrlich v. Thüngenschen Kirchenpatronats: Das Recht auf einen Patronatsstand in allen Patronatskirchen, das Recht auf das Gebet am Reformationstag in den Patronatskirchen um den Segen für die Patronatsherrschaft und das Recht, nach dem Tode eines Patronatsherren die Kirchenglocken in allen Patronatskirchengemeinden vierzehn Tage lang je eine Stunde zu läuten.

Durch Vereinbarung vom 29.9./4.10.1973 zwischen dem Frh. v. Thüngenschen Hofgut Weißenbach und der Evang.-Luth. Pfründestiftung Weißenbach wurden die vom Hofgut an die Pfründestiftung zu leistenden Reichnisse abgelöst und alle Reichnisverpflichtungen und Lasten „endgültig erledigt". Die Familie der Freiherren v. Thüngen hatte seinerzeit bei der Stiftung der evangelischen Kirchengemeinden jeweils die Pfarrstellen mit Natural- und Besoldungsbezügen ausgestattet und aus ihren Mitteln bezahlt. So endete eine etwa 450-jährige Kirchengeschichte des Freiherrlich v. Thüngenschen Kirchenpatronats und einer Familie, die schon 1564 für ihren Bereich auf einer Synode in Gräfendorf eine „Kirchenordnung" geschaffen hatte und die mit der von ihr gegründeten Kirche eng verbunden war.

Bis zur Auflösung des Kirchenpatronats im Jahr 1969 waren allein Mitglieder der Familie v. Thüngen berechtigt, im Patronatsstand zu sitzen.
*Foto: Udo Molinari*

## ■ Kirche und Pfarrhaus

1876 wurde eine Gesamtrenovierung der Kirche durchgeführt. Um die Jahrhundertwende wurde die Orgel repariert. 1906 wurde vom Gemeinderat anerkannt, dass das Eigentumsrecht an der Kirche der Kirchenverwaltung zustehe.

Die nächste Erneuerung des Kircheninneren wurde 1964/1965 durchgeführt. Dabei wurde das Eichengebälk der Decke wieder freigelegt. Das Aussehen der Weißenbacher Evangelischen Kirche im Inneren veränderte sich stark: Empore, Altar und Kanzel wurden herausgerissen, ein neuer Altartisch aufgebaut, „zeitgemäße" Beleuchtungskörper (Neonröhren) an den Wänden angebracht und viel Lärchenholz verwendet. 1997 wurde eine weitere Innenrenovierung abgeschlossen.

Unmittelbar nach der Gründung der Pfarrei wurde im Jahre 1746 auch ein Pfarrhaus errichtet. Im Jahre 1864 wurde es von Pfarrer Johannes Körber als unbewohnbar bezeichnet. Daher wurde das Pfarrhaus 1868 generalsaniert, wobei neue Öfen angeschafft und alte versetzt wurden. Im Jahre 1912 wurde das Pfarrhaus ganz abgerissen und an gleicher Stelle neu aufgebaut. 1913 konnte die Pfarrfamilie wieder einziehen.

# WEISSENBACH

Das Schloss ist seit 1358 im Besitz der Familie v. Thüngen. Es wurde zweimal wieder aufgebaut.
*Foto: Frank-Michael Rommert*

### ■ Die Friedhöfe

Vor der Errichtung der Schlosspfarrei im Jahre 1680 wurden alle Bewohner von Weißenbach im Friedhof zu Detter beerdigt. Mit dem Bau der Schlosskirche wurde neben der Kirche ein eigener Friedhof angelegt, in dem aber nur Bewohner des Schlossdorfes oder Unterdorfes begraben wurden. Von der Gründung der Pfarrei Weißenbach im Jahre 1745 an wurden alle Toten des Ortes bei der Kirche begraben.

Von der Mitte des vorigen Jahrhunderts an wurde der Friedhof bei der Kirche zu klein. Man errichtete einen neuen Friedhof südwestlich vom Schlossareal. Im Jahre 1931 wurde der Friedhof erweitert und anlässlich der Beerdigung des Bauern Johann Sauer am 20. September 1931 eingeweiht und seiner Bestimmung übergeben.

Als im Jahre 1954 der erste katholische Umsiedler aus dem Truppenübungsplatz starb, erhob sich die Frage, ob er im evangelischen Friedhof begraben werden solle. Gemeinderat und katholische Kirchenverwaltung trafen am 21.11.1954 eine Vereinbarung, die aber nicht rechtsgültig wurde. Das Landratsamt veranstaltete eine Bürgerversammlung, bei der man zu keinem Ergebnis kam. Daraufhin riet das Bischöfliche Ordinariat Würzburg am 13.12.1954, die katholische Kirchenverwaltung solle einen eigenen Friedhof einrichten. Deswegen gab es 40 Jahre lang in der kleinen Gemeinde Weißenbach drei Friedhöfe: einen evangelischen, einen katholischen und einen herrschaftlichen Friedhof.

## Die historische Zäsur des Zweiten Weltkriegs

Den Nationalsozialisten war es vorbehalten, den wohl entscheidendsten Eingriff in die Struktur der Ortschaft vorzunehmen: 1937/38 wurde das Schlossgut der Freiherren v. Thüngen enteignet, um Bauern aus Hochrhöndörfern anzusiedeln, die ihrerseits der Erweiterung des Truppenübungsplatzes Wildflecken weichen mussten. Damit entstand in Weißenbach erstmals eine römisch-katholische Kirchengemeinde, was alle Bewohner vor unvermutete Aufgaben stellte. Zur gleichen Zeit entstand im Schlosshof eine Großbaustelle für den Reichsautobahnbau: die Strecke Fulda–Würzburg sollte gebaut werden, ihre Trasse verläuft entlang der Gemarkungsgrenze zu Roßbach und im Rupbodener Forst. Im Jahr 1938 wurde der weit fortgeschrittene Bau eingestellt, die Arbeiter wurden zum Bau des Westwalls abgezogen. Die 1967 endgültig erbaute Bundesautobahn verläuft weiter ostwärts außerhalb der Thüngenschen Cent.

## Neubeginn nach 1945

Nach dem Zusammenbruch des Dritten Reichs 1945 wird Weißenbach Zufluchtsort für die vertriebenen Deutschen aus den verlorenen Ostgebieten; zeitweise schwillt die Bevölkerungszahl auf das Doppelte an, jeder Quadratmeter bewohnbaren Raumes wird durch das Wohnungsamt mit Flüchtlingen belegt, die primitiv untergebracht sind. Die amerikanische Besatzungsmacht richtet für Betriebe „Treuhänderschaften" ein, die Feldfrüchte müssen gegen Festpreise abgeliefert werden, das Ernährungsamt überwacht den Vorgang. Der Schwarzhandel blüht. Erst nach der Währungsreform vom 20.6.1948 finden viele wieder Arbeit und Verdienst außerhalb von Weißenbach oder bei den alteingesessenen und neu gegründeten Gewerbe- und Handwerksbetrieben. Der Arbeiterstand am Forstamt reduziert sich auf die hauptberuflichen Waldarbeiter.

Der Strukturwandel auf dem Lande geht auch an Weißenbach nicht vorüber: Aus bäuerlichen Vollerwerbs- und uralten Familienbetrieben werden zuerst Zuerwerbsbetriebe und dann Nebenerwerbsbetriebe, viele Bauern „gehen in Arbeit", sie pendeln zwischen ihrer Arbeitsstätte und ihrem Hof hin und her. Der Wohlstand nimmt zu, denn die Weißenbacher Arbeitskräfte sind überall gesucht und geachtet.

Evangelische wohnen nicht nur in Weißenbach. Nach dem Zweiten Weltkrieg zogen sie auch im Bereich Oberleichtersbach zu. Mittlerweile sind dort mehr zu finden als im Ortsteil Weißenbach, von wo aus sie seit den 1970er Jahren seelsorglich betreut wurden.

# WEISSENBACH

Blick in die Kirche von Weißenbach.
Foto: Frank-Michael Rommert

Dieses überwiegend katholische Gebiet hat seine Reize: Höchster Punkt ist der Ortsteil Dreistelz am gleichnamigen Berg, an dessen Fuß zu Christi Himmelfahrt Bergmessen gefeiert werden. In Modlos wohnt der derzeitige Bürgermeister; die Steine für die dortige Kirche wurden bei Detter gebrochen. Mitgenfelds Bebauung zieht sich den Hang hinauf. In Breitenbach bietet sich bei Sonnenuntergang die eindrucksvolle Silhouette der Kirche dar. Ein Sägewerk wird auf dem Haghof betrieben. In Unterleichtersbach befindet sich die Verwaltung der Firma Hanse-Haus, die eine große Fertigungshalle im Bereich Buchrasen erstellt hat. In Oberleichtersbach steht die große Pfarrkirche, aber die katholischen Christen werden von Schondra aus mitverwaltet. Viel Arbeit für einen Priester bei über 4000 Gemeindegliedern!

Die Gemeindereform von 1972 ging auch an Weißenbach nicht spurlos vorüber: Der im Jahre 1015 erstmals erwähnte Ort, die selbstständige politische Gemeinde Weißenbach, verliert am 31. Mai 1978 ihre politische Selbstständigkeit und wird der neuen Großgemeinde Zeitlofs eingegliedert. Die neue Gemeinde besteht aus fast der ganzen Inneren Thüngenschen Cent und setzt sich nunmehr aus den Ortsteilen Zeitlofs mit Grieshof, Heilsberg und Trübenbrunn, aus Detter, Weißenbach, Roßbach und Eckarts-Rupboden zusammen. Heiligkreuz ist aufgrund einer Abstimmung schon ein paar Jahre vorher der neuen Gemeinde Wartmannsroth zugeordnet worden. Die Kirchengemeinde Weißenbach aber bleibt bestehen: Die Ortsteile Weißenbach, Detter und Heiligkreuz gehören dazu. In dem Schicksal der Pfarrei Weißenbach und der früheren Patronatsherrschaft der Freiherren v. Thüngen spiegelt sich ein Stück der Geschichte vieler Kirchengemeinden des Dekanates.

*Zusammenstellung aus Texten von* WOLF-HARTMANN FREIHERR VON THÜNGEN, *überarbeitet und ergänzt von* UDO MOLINARI, *Pfarrer*

**Literaturhinweis**
*Leonhard Rugel: 675 Jahre Weißenbach. Herausgegeben von der Gemeinde Zeitlofs 1992.*

# Wildflecken

*Die Evangelisch-Lutherische Pfarrei Wildflecken hat keine lange, aber eine bewegte Geschichte.*

Nach 1937 kamen – infolge der Errichtung eines Truppenübungsplatzes – vermehrt Evangelische in das bis dahin einheitlich römisch-katholische Gebiet der Hohen Rhön und des Oberen Sinngrundes. Soldaten, Beamte, Angestellte und Arbeiter ließen sich mit ihren Familien in der Region nieder. 1945 wurden jedoch kaum mehr als 100 Gemeindeangehörige von Bad Brückenau aus betreut. Bis Mai 1947 wurde in verschiedenen Einrichtungen alle vier bis sechs Wochen ein Gottesdienst gefeiert. In der Nachkriegszeit strömten nach Wildflecken und in die umliegenden Dörfer Hunderte von Heimatvertriebenen, die sich alle zur evangelischen Konfession bekannten. Nur notdürftig richteten sie sich ein und mussten die neue Lebenssituation und den Wiederaufbau bewältigen. Viele von ihnen zogen weiter, viele blieben. Auch die seit 1937 hier ansässig gewordenen Evangelischen blieben von den Auswirkungen des Kriegsendes nicht verschont und mussten unter Zurücklassung ihrer Habe ihre Wohnungen für die amerikanische Besatzungsmacht räumen. Tragische Lebensgeschichten prägen die nachfolgenden Generationen: Erlebnisse in geräumten Dörfern, mit Fremdarbeitern, mit jüdischen Mitbürgern.

Anfang Mai 1947 kam Pfarrer Gerhard Barth als erster Seelsorger in das Dorf, um die auf 860 Gemeindeangehörige angewachsene Gemeinde zu betreuen. Der Gottesdienst wurde bis 1950 in verschiedenen öffentlichen Einrichtungen (u. a. Gasthäusern) gefeiert. Im gleichen Jahr erwarb die Gemeinde von der evangelischen Emmausgemeinde in Frankfurt a. Main eine barackenartige Notkirche, die dort ab- und in Wildflecken aufgebaut wurde. In Gegenwart des damaligen Landesbischofs Meiser wurde sie durch Regionalbischof Koch eingeweiht.

## WILDFLECKEN

Die evangelische Kreuzkirche in Wildflecken.
Foto: Unbekannt

Das Gemeindeleben neben den Gottesdiensten litt unter drückender Raumnot. Verschiedene Kreise wie Frauenkreis, Chor und Jugend verfügten nur über ungenügende Räumlichkeiten für ihre Treffen.

Als 1955 Landesbischof Dietzfelbinger die Gemeinde besuchte, konnte ihn der Kirchenvorstand überzeugen, das Bauvorhaben von Kirche und Pfarrhaus in die Wege zu leiten.

So wurde 1957 mit dem Bau des Pfarrhauses begonnen. Mit dessen Einweihung durch Dekan Roth am 14. Dezember 1958 war das erste Teilziel erreicht. In diesem Zusammenhang wurde auch das im Juni 1951 errichtete Exponierte Vikariat Wildflecken zur selbstständigen Pfarrstelle erhoben.

Nach vielen Schwierigkeiten konnte am 6. Dezember 1959 das Fest zur Einweihung der Kreuzkirche gefeiert werden.

Zur Kirchengemeinde gehören Oberwildflecken, Wildflecken, Oberbach und Riedenberg, dazu das Caritas-Kinderdorf St. Anton in Riedenberg, das Gelände des CVJM Wilhelmshaven und ein Campingplatz in Oberwildflecken. 2002 wohnten circa 1100 Gemeindeangehörige im Oberen Sinngrund.

Das konfessionelle Zusammenleben nahm in den vergangenen Jahrzehnten einen vielfältigen und erfreulichen Aufschwung. Die Ökumene hat sich in Wildflecken vorbildlich entwickelt. Das kirchliche Leben gestaltet sich heute in geschwisterlicher Verbundenheit. Es gibt viele Angebote, die den gemeinsamen Glauben vertiefen und das gegenseitige Verständnis für die eigene Frömmigkeit fördern.

1988 wurde in Oberwildflecken ein Übergangswohnheim für Aussiedler aus der ehemaligen Sowjetunion eröffnet, das bis jetzt belegt ist. Anfangs kamen verstärkt Übersiedler aus Polen und Rumänien; nach 1989 – aufgrund der Grenzöffnung zwischen den beiden deutschen Staaten – auch Bürgerinnen und Bürger aus der ehemaligen DDR.

Verschiedene Integrationsmaßnahmen wurden begonnen und durchgeführt. Dabei half auch die Einrichtung einer Euro-Sprachschule mit angeschlossenem Integrationszentrum. Das kirchliche und gesellschaftliche Leben blieb davon verständlicherweise nicht unberührt. Heute machen Aussiedler etwa fünfzig Prozent der Gemeinde aus. Bei den Konfirmanden liegt die Zahl noch weit höher.

Mit dem Abzug der US-Armee 1994 endete eine jahrzehntelange Epoche für Wildflecken, die Kirchengemeinde und viele Orte in der Rhön. Inzwischen hat die Bundeswehr den Truppenübungsplatz übernommen und nutzt die Einrichtungen für ihre Aufträge. Die Hauptschule Wildflecken hat die Räumlichkeiten der ehemaligen amerikanischen Schule bezogen.

Von 1986 bis 1989 wurden Pfarrhaus, Kreuzkirche, Gemeinderäume und Außenanlagen einer Generalsanierung unterzogen. In den nachfolgenden Jahren verschönerten innere und äußere Erneuerungen das einladende und saubere Ansehen des Kirchengeländes. Die jeden Tag geöffneten Kirchentüren möchten zum Eintreten in die Kirche ermutigen, zum Ausruhen, zum Gebet und zur Besinnung verhelfen.

Fünf Glocken erklingen über den Ort. Sie erinnern zu den Gebetszeiten morgens, mittags und abends an den Grund unseres Lebens, den dreieinigen Gott. Sie eröffnen und beschließen die verschiedenen Gottesdienste, sie begleiten zur Taufe, Trauung und Beerdigung.

Auf einem Relief des Hauptportals empfängt der Gute Hirte die Kommenden und Gehenden. Im Innenraum der Kirche begrüßt, segnet und entläßt der auferstandene Christus die Anwesenden. Er verheißt seine Gegenwart überall und zu jeder Zeit den Fröhlichen und Traurigen, den Belasteten und Befreiten, den Kranken und Gesunden, den Jungen und Alten, den Glaubenden und Zweifelnden. Die inzwischen verstorbene Künstlerin Margot Krug-Grosse aus Lohr hat das Geheimnis des christlichen Glaubens in einen dreiteiligen Wandteppich als Krönung und Beschluss des Altarraumes farbig gewebt.

Die zahlreichen Feiern mit dem biblischen Wort Gottes sollen die Teilnehmer in ihrem Glauben begründen, stärken und erneuern. Sie sollen das Kirchenjahr miteinander festlich-fröhlich begehen und die vielfältigen Gruppen der Kirchengemeinde im Mittelpunkt, dem Gottesdienst, zusammenführen. Aus all diesen Aktivitäten entfaltet sich das christliche Bekenntnis im Alltag.

# WILDFLECKEN

Der Altarraum zur Weihnachtszeit.
*Foto: Privat*

Seit 1993 begleitet und trägt eine neue Orgel den Gesang der Gemeinde. Die vorherige Orgel war nicht mehr reparabel, die englische Orgelbaufirma Walker lieferte ein gut disponiertes Instrument, das gerne für geistliche Musiken benutzt wird, zur Ehre Gottes und zur Freude der Menschen.

### ■ Die Gemeinde und ihre Seelsorger

Gerhard Barth (1947–1976), Alfred Berger (1978–1985), Peter Sachi (1986–2000) und Udo Sehmisch (seit 2001) haben der Kirche und Gemeinde mit ihren Begabungen und Fähigkeiten gedient. Zusammen mit vielen Menschen verschiedener Generationen, Herkünfte und Berufe konnten sie das Leben in der Kirchengemeinde gestalten. Durch nachgehende Seelsorge, Unterricht, Feste, Fahrten, Gruppen, Kreise, Musik, Diakonie, Gottesdienste und vieles mehr bauen Menschen mit als „lebendige Steine" und kommen „zu dem lebendigen Stein" Jesus Christus. Etwa zehn Prozent der Gemeindeglieder helfen auf vielfältige Weise, das Gemeindeleben ehrenamtlich mitzugestalten.

Ihm, dem Herrn der Kirche, bleiben Kirchengemeinde und Landschaft, Mitarbeitende, Nahe und Ferne, Gebäude und Grund anbefohlen. Sein einladendes Evangelium suche und sammle weiterhin, damit Menschen heil werden dürfen an Seele und Leib.

PETER SACHI, *Pfarrer, bearbeitet von* UDO SEHMISCH, *Pfarrer*

# Zeitlofs

*Zeitlofs wird erstmals zur Zeit Friedrich Barbarossas im Jahre 1167 unter dem Namen Citolves urkundlich erwähnt. Die hier begüterten Herren von Thüngen, deren Stammsitz Thüngen an der Wern war, erscheinen schon 1100 mit Karl und seinem Sohn Eylhard „de Dungheti". Die Zeitlofser Kirche untersteht dem Eigentum des Klosters Schlüchtern.*

Die Herren v. Thüngen waren das bedeutendste Adelsgeschlecht dieser Gegend und haben alle anderen Adelsgeschlechter überdauert. Die Familie gliedert sich in die Andreassche, Albertinsche und Lutzsche Linie. Die Albertinsche Linie ist ausgestorben. Lutz IV., verheiratet mit Jutta v. Steckelberg, hatte mit seinen Schwägern v. Hutten, v. Marschalk und v. Bibra gemeinsam steckelbergischen Besitz inne, der einen großen Teil des Landes zwischen Schondra und Sinn umfasste. Der Gerichtssitz der Herren v. Thüngen war Zeitlofs. In der Folgezeit war Zeitlofs ab 1345 Ganerbe (gemeinsamer Besitz zur gemeinschaftlichen Verteidigung dieser Viererherrschaft): Die Her-

Die Auferstehungskapelle im Adelsfriedhof in Roßbach.
*Foto: B. Behnke*

ren v. Marschalk und Bibra schieden bis 1362 aus, später auch die Herren v. Hutten. 1439 erhielt die Thüngensche Cent mit Zeitlofs als Mittelpunkt ihren heutigen Um-

**147**

## ZEITLOFS

Der alte Taufstein der Dreifaltigkeitskirche in Zeitlofs.
*Foto: Unbekannt*

fang mit den Filialdörfern Rupboden, Eckarts, Roßbach, Weißenbach, Detter und Heiligkreuz. Im Jahre 1428 wird das Thüngensche Schloss in Zeitlofs erstmals erwähnt, das in Roßbach erst 1615/17. Mit dem Schloss Heilsberg, das 1856 und 1866 erbaut wurde, befinden sich drei Herrensitze in der Kirchengemeinde.

Bis zum Jahre 1453 wurde Zeitlofs von der Pfarrei Neuengronau aus betreut. Der Messpriester kam über den noch heute so genannten „Pfaffensteg", einer Brücke über die Sinn. 1453 wird Zeitlofs eigene Pfarrei und die Kirche der Heiligen Dreifaltigkeit geweiht. 1553 führte Neidhardt II. v. Thüngen in Zeitlofs die Reformation ein. Der erste Pfarrer von Zeitlofs war Nikolaus Schäfer aus Bad Brückenau.

Die Kirche mit dem weithin sichtbaren Turm wurde in den Jahren 1736 bis 1740 als Barockkirche erbaut. Die Deckengemälde (das große zeigt die Heilige Dreifaltigkeit, die kleinen Gemälde in den Ecken die vier Evangelisten) stammen von dem italienischen Maler Beloni, die Orgel lieferte der Würzburger Hoforgelmacher Philipp Seufert. Bei der großen Kirchenrestaurierung von 1987 bis 1989 wurde sie wieder in den Originalzustand und der Stimmung der damaligen Zeit versetzt.

In der Kirche befinden sich neben barocker Kanzel und Ambo des Fürstenstandes auch das Altarkreuz, das wahrscheinlich von Amalie von Griechenland, der Gemahlin des Königs Otto v. Bayern, der Kirchengemeinde gestiftet wurde. Die adeligen Herrschaften, die in der Nachfolge von König Ludwig I. im Staatsbad Brückenau kurten, kamen, sofern sie lutherischen Glaubens waren, des Sonntags immer nach Zeitlofs in den Gottesdienst.

### ■ Hans Karl I. v. Thüngen – der einäugige General

Eine Besonderheit in der Kirche ist das Alabasterdenkmal des Grafen

Hans Karl I. v. Thüngen. Er war kaiserlicher Generalfeldmarschall und kämpfte mit Prinz Eugen gegen die Türken. So manche Heldentat vollbrachte dieser einäugige Ahn derer v. Thüngen. Sein rechtes Auge verlor er 1689. Verwundet, aber hochgeehrt, kehrte er als 40-jähriger in seine fränkische Heimat zurück. Als Erinnerung an seine Feldzüge brachte er drei Türkenknaben mit, die im Februar 1698 in der Pfarrkirche zu Zeitlofs getauft wurden. Bis zu seinem Tode führte Hans Karl I. ein unruhiges Leben. Besondere Verdienste erwarb er sich gegen Ludwig XIV. von Frankreich, dem Sonnenkönig. Von diesem wird erzählt, dass er in seiner Bildersammlung das Bildnis eines Generals verhüllt gehalten habe. Dem englischen König erklärte Ludwig XIV., dass dies das Bildnis des einäugigen Generals v. Thüngen sei, dessen einziges Auge er weder mit Gold noch mit Silber zu blenden vermöge. Von Kaiser Leopold ist der Ausspruch überliefert: „Unter allen Teutschen ist niemand treuer als General Thüngen."

1745 erfolgte die Teilung der Pfarrei Zeitlofs. Weißenbach, Detter und Heiligkreuz wurden eine eigene Pfarrei. Fast zwei Jahrhunderte später erfolgte 1938 eine weitere Teilung: Eckarts, Bad Brückenau und der obere Sinngrund wurden ausgepfarrt und erhielten mit Bad Brückenau eine eigene Pfarrei.

Die Kirche zur Heiligen Dreifaltigkeit in Zeitlofs ist die einzige evangelische Barockkirche im Sinntal.
*Foto: B. Behnke*

1909 wurde in Zeitlofs ein neues Pfarrhaus gebaut. Im Jahre 1888 errichtete Carl v. Thüngen in Roßbach eine Grabkapelle, die der Kirchengemeinde 1960 von der Freifrau Celina v. Thüngen als Filialkirche übereignet wurde. Zum hundertjährigen Bestehen wurde die Auferstehungskapelle von den Roßbachern mit viel Einsatz und fast völlig aus Eigenmitteln restauriert. Alle zwei Wochen finden dort Gottesdienste statt. Um die Kapelle herum liegt der Herrschaftsfriedhof. Extra getrennt davon, etwas entfernt, befindet sich der Gottesacker der Dorfbewohner.

Rupboden und Trübenbrunn, welche ebenfalls zur Pfarrei gehören, besitzen keine eigenen Gotteshäuser. In Rupboden werden zu besonderen Anlässen Festgottes-

Innenansicht mit Blick zur Barockorgel und dem Deckengemälde von Beloni.
Foto: R. Bruckner

ßer Neubau, der den heutigen Ansprüchen und Standards entspricht und auch über eine größere Pflegeabteilung verfügt, eingeweiht.

Einige Handwerksbetriebe bieten Menschen Arbeit. Ein Großteil der Bevölkerung muss jedoch noch zur Arbeit pendeln, viele davon sogar in das Rhein-Main-Gebiet.

Die Kirchengemeinde von Zeitlofs hat zur Zeit 806 Gemeindeglieder. Der Trinitas-Chor, der Gesangverein und der Musikverein Zeitlofs gestalten die Gottesdienste musikalisch mit. Von Kindergottesdienst über Jungschargruppe bis hin zum Seniorenkreis bringen verschiedene Gruppen Leben in die Kirchengemeinde. Fast zehn Prozent der Gemeindeglieder beteiligen sich als ehrenamtliche Mitarbeiter und zeigen so die Verbundenheit der Gemeindeglieder mit ihrer Kirchengemeinde.

dienste gehalten. Anziehungspunkt weit über die Gemeinde hinaus ist seit Jahren die Rupbödner Waldweihnacht im Grönnje.

Zeitlofs beherbergt auch ein Blindenheim. Nach dem Kriege kamen Blinde aus dem Sudetenland nach Zeitlofs. Nachdem sie notdürftig im Schloss untergebracht waren, wurde 1950/51 ein Blindenheim gebaut, das 40 Blinden und Sehbehinderten ein Zuhause bietet. 1992 wurde ein gro-

Eine alte Verbundenheit der Familie v. Thüngen, auch wenn das Patronat schon lange aufgelöst ist, zeigt sich darin, dass Freiherr Hans Karl v. Thüngen aus Thüngen noch heute das Vermächtnis von Freifrau Eva v. Thüngen aufrechterhält und allen Konfirmanden zur Konfirmation eine Bibel schenkt.

HERMANN FLUHRER, *Pfarrer*, *und* HERMANN HORNDASCH, *Pfarrer*

# Dekanats-Kirchentage

*Dekanatskirchentage sind wichtige Zeiten der Begegnung und des Atemholens. Schon in den 1950er Jahren gab es im Bereich des Dekanates Lohr a. Main neben den Rhöntagen des CVJM in Zeitlofs den Versuch, durch Dekanatstage Möglichkeiten der Begegnung und Glaubensstärkung anzubieten.*

Nach den Wirren des 2. Weltkrieges lockten Kirchenversammlungen in Gemünden und anderswo viele Menschen an. Der unterfränkische Kirchentag auf dem Schwanberg, der seit den 1970er Jahren als Gemeindetag für die unterfränkischen Gemeinden gestaltet wurde, zog Besucher aus dem ganzen Bereich des Dekanates an. Der Schwanbergtag stieß im Lauf der Jahre auf immer geringere Resonanz. Erstmals trat im Jahr 2002 ein unterfränkischer Kirchentag in Schweinfurt an seine Stelle. Im Dekanatsbezirk Lohr knüpfte man im Jahr 1990 nach einer langen Pause an die Tradition der Dekanatstage an und entwickelte das Konzept der Dekanats-Kirchentage.

Meist kommen mehr als tausend Besucher zum Kirchentag. Er lädt dazu ein,
- sich auf die Mitte des Glaubens zu besinnen und im Glauben gestärkt zu werden,
- frohe Gemeinschaft und Begegnung zu erfahren,
- über den eigenen Kirchturm zu blicken,
- zum Glaubenszeugnis im Alltag ermutigt zu werden,
- die Zusammengehörigkeit im großen Diasporadekanat zwischen Spessart und Rhön zu erleben.

Die Dekanats-Kirchentage finden alle zwei Jahre statt – jeweils an unterschiedlichen Orten. Ein Team aus dem Dekanatsbereich bereitet

Starke Männer sind gefragt beim Aufstellen des Dekanats-Kirchentags-Kreuzes.
*Foto: Michael Wehrwein*

sie vor und führt sie gemeinsam mit der gastgebenden Kirchengemeinde durch.

Parallel zum Kirchentag findet oft ein Jungschartag oder ein Angebot für Jugendliche statt. Aber die Dekanats-Kirchentage bieten besonders den Erwachsenen viele Höhepunkte: Neben Gottesdiensten gibt es kulturelle und sportliche Angebote sowie Seminare zu Glaubens- und Lebensfragen.

Bei Dekanatskirchentagen sind die Besucher hautnah dabei beim Auftritt von Spitzensportlern, Musikern, Jongleuren und anderen Künstlern: So legte ein Weltmeister im Fallschirmspringen eine Punktlandung auf dem Landekreuz hin. Die Vizeweltmeister im Kunstradfahren führten spektakulär ihre Künste vor.

Beim „Markt der Möglichkeiten" stellen sich Gruppen und Einrichtungen einem breiten Publikum vor: Von der Jugendarbeit über die Frauenarbeit und das Diakonische Werk bis hin zum Zentralbibelverein, dem Missionswerk und dem Evangeliumsrundfunk reicht die Palette der Aussteller. Ein großer Büchertisch hält christliche Literatur bereit. Zelte und Stände für die Verpflegung säumen den Festplatz. Meist werden örtliche Schulen und Hallen für die Hauptveranstaltung genutzt.

Die Teilnehmer erhalten ein umfangreiches Programmheft und ein Erinnerungsgeschenk. Eine Kollekte unterstützt Projekte im Dekanat und in der weltweiten Kirche.

Von 10 bis 18 Uhr dauert das offizielle Programm. Viele Besucherinnen und Besucher lassen den Tag auf Einladung der gastgebenden Gemeinde in gemütlicher Runde ausklingen.

In den kirchentagsfreien Jahren gibt es immer wieder besondere Großveranstaltungen im Dekanat: Schon zweimal fand in Zusammenarbeit mit der Communität der Christusträger aus Kloster Triefenstein eine Gospelboat-Party auf einem Mainschiff statt. Auch Evangelisationsveranstaltungen, wie „efungelium" in Lohr, missionarische Veranstaltungen in Marktheidenfeld, Partenstein und andernorts sowie die Teilnahme von Gemeinden an der Satellitengroßevangelisation „Pro Christ", seien hier genannt. Eine Bibelausstellung in Lohr stieß auf großes Interesse.

Beim Kirchentag kommt neben dem geistlichen auch das leibliche Wohl nicht zu kurz.
Foto: Privat

MICHAEL WEHRWEIN, *Dekan*

# Diakonie im Dekanat

*Das Evangelium soll nicht nur mit Worten, sondern auch mit der Tat bezeugt werden. Das Diakonische Werk Lohr hat sich der Aufgabe verschrieben, die christliche Nächstenliebe wirken zu lassen. Diakonie und Kirche gehören deshalb untrennbar zusammen und sollen sich gegenseitig bereichern und ergänzen.*

Das Diakonische Werk im Dekanatsbezirk Lohr leitet seinen Arbeitsauftrag aus dem Wort Jesu über die Werke der Barmherzigkeit ab, wie sie im Matthäus-Evangelium im 25. Kapitel aufgeschrieben sind: Die Hungrigen speisen, den Durstigen zu trinken geben, die Fremden aufnehmen, die Nackten bekleiden, die Kranken und Gefangenen besuchen. „Was ihr getan habt einem von diesen meinen geringsten Brüdern, das habt ihr mir getan."

Auch das Diakonische Werk im Dekanatsbezirk Lohr richtet sein Wirken an diesen Grundsätzen aus. Es wurde 1987 gegründet und ist eingebunden in das große Diakonische Werk Bayern, von dem es auch finanzielle Unterstützung erfährt. Aus einem bescheidenen Anfang mit den zwei Dorfhelferinnen Elsbeth Köhler und Helga Wild-Krämer entwickelte sich bald eine bedeutende diakonische Einrichtung. Heute unterhält das Diakonische Werk Lohr die größte Familienpflegestation Bayerns.

Unser Diakonisches Werk will den Kirchengemeinden des Dekanatsbezirkes beratend und helfend zur Seite stehen. Diakonie und Kirchengemeinden stehen dabei aber nicht in Konkurrenz zueinander. Das Werk will nicht die diakonischen Aufgaben der Gemeinden übernehmen, sondern ist für Aufgaben da, die die Kirchengemeinden personell wie finanziell über-

## DIAKONIE IM DEKANAT

Das Haus der Diakonie in Partenstein wurde am 19. Mai 2001 feierlich eingeweiht.
*Foto: Michael Wehrwein*

fordern und die deshalb besser überörtlich gelöst werden können.

Die Zahl derer, die Hilfe benötigen, wächst auch in unserem ländlichen Dekanatsbezirk. Das Diakonische Werk kann die umfangreiche Hilfe nur mit der vollen Unterstützung der Kirchengemeinden und der vielen Spenderinnen und Spender leisten. Für diesen Rückhalt danken wir allen.

Das Diakonische Werk Lohr und das Diakonische Werk Untermain in Aschaffenburg haben zur Reduzierung der Verwaltungskosten eine Kooperation beschlossen und verfügen über einen gemeinsamen Geschäftsführer mit Sitz in Aschaffenburg. Auch die Familienpflegerinnen-Station wird gemeinsam geführt.

### ■ Die Familienpflege-Station

Die Familienpflege-Station mit der Einsatzleiterin Helga Wild-Krämer wird mit fünf Familienpflegerinnen in Vollzeit, sieben Familienpflegerinnen in Teilzeit und acht Familienpflegerinnen auf Stundenbasis betrieben und ist zur Zeit voll ausgelastet. Im Jahr 1999 leisteten die Familienpflegerinnen insgesamt etwa 30 000 Arbeitsstunden, das entspricht einem täglichen Einsatz von 82 Stunden! Der Einsatz reicht dabei von Betreuungen bei Krebserkrankungen mit Chemotherapien über Betreuungen nach Krankenhausaufenthalt, psychische Erkrankungen, Kuraufenthalten, Risikoschwangerschaften und Entbindungen bis zu Betreuungen nach Mehrlingsgeburten. Die Familienpflegerinnen stehen dabei oft unter großen physischen und psychischen Belastungen. So betreute eine Familienpflegerin sechs Wochen lang eine Familie, in der das siebte Kind erwartet wurde. Je nach Krankheit oder Problemen bewegt sich die Dauer eines Einsatzes in einer Familie zwischen einer Woche und acht Monaten.

### ■ Kirchliche Allgemeine Sozialarbeit

Die Kirchliche Allgemeine Sozialarbeit (KASA) wird vom Diplom Sozialpädagogen Michael Donath geleitet. Sie betreute im Jahr 1999 insgesamt 617 Personen, wobei der Problembereich von finanziellen Schwierigkeiten über Hilfe in Lebenskrisen, bei Gewalt und sexuellem Missbrauch, Suchtkranken-, Straffälligen- und Obdachlosenhilfe, Betreuung von Ausländern, Hilfe für Behinderte und psychisch Kranke bis zur Hilfe für Alleinerziehende, Alte und Arbeitslose reicht.

Dabei wurden mehr als 1 000 Beratungsgespräche mit den Hilfebedürftigen geführt. Teilweise sind diese mit Hausbesuchen verbunden. Die Kur- und Erholungshilfe vermittelte zahlreiche Kuraufenthalte.

### ■ Aussiedlerbetreuung

Zu erwähnen ist noch die Beratungs- und Betreuungsstelle für Aussiedler in den Übergangswohnheimen Oberwildflecken und Bad Königshofen. Unter der Leitung des Diplom Sozialpädagogen Siegfried Rottmann werden zusammen mit zwei ABM-Kräften und der Mitwirkung der Kirchengemeinde Wildflecken und Bad Königshofen die Aussiedler betreut. Im Jahr 2000 fanden 1751 Beratungsgespräche mit 787 betreuten Personen statt.

Mit einer neuen Einrichtung, der „Aktion Pflegepartner", will das Diakonische Werk Angehörige, die pflegebedürftige Menschen in der eigenen Familie betreuen, durch den Einsatz von ehrenamtlichen Kräften entlasten.

Da durch die vielfältigen Aufgaben die Räumlichkeiten in Lohr zu klein geworden sind, hat das Diakonische Werk im Rahmen einer Kooperation mit dem Diakonieverein Partenstein e. V. in Partenstein in unmittelbarer Nähe des Bahnhofs ein „Haus der Diakonie" im ehemaligen Forstamtsgebäude eingerichtet und damit sowohl für die Mitarbeiter wie auch für die zu betreuenden Personen bessere Arbeits- und Hilfebedingungen geschaffen. In diesem Haus werden alle sozialen und diakonischen Dienste angeboten. Damit konnte ein weiterer Schritt zur Zukunftssicherung und zur besseren Darstellung der vielfältigen diakonischen Aufgaben im Dekanatsbezirk Lohr vollzogen werden.

Auf der Main-Spessart-Ausstellung informiert das Diakonische Werk Lohr über seine Arbeit.
Foto: Michael Wehrwein

EKKEHARD KLUG, *2. Vors. des Diakonischen Werks Lohr*

*Diakonisches Werk im Dekanatsbezirk Lohr a. Main, „Haus der Diakonie", Bahnhofstr. 1, 97846 Partenstein, Tel. (0 93 55) 97 57 90, Fax: (0 93 55) 97 57 91, E-Mail: Diakonisches-Werk-Lohr@t-online.de*

# Familienarbeit

*Die Familie ist nach wie vor die Kern- und Keimzelle der christlichen Gemeinde und der Gesellschaft.*

Kirche für Familien – das ist eine wichtige Aufgabe der Gemeinden. Gefragt ist Familienfreundlichkeit.

Die Familienpflegestation des Diakonischen Werkes Lohr ist derzeit die größte in evangelischer Trägerschaft in ganz Bayern. Unsere Familienpflegerinnen springen da ein, wo in Familien Notsituationen entstanden sind. Für gestresste und erholungsbedürftige Mütter werden über die Kirchliche Allgemeine Sozialarbeit des Diakonischen Werkes Müttergenesungskuren und Mutter-Kind-Kuren vermittelt.

Viele unserer Kirchengemeinden haben die Familie bewusst im Blick. Krabbelgottesdienste sind eine gute Möglichkeit, junge Familien anzusprechen und zu begleiten. Familiengottesdienste gibt es mittlerweile in den meisten Gemeinden des Dekanates.

Krabbelgruppen und Mutter-Kind-Gruppen sind aus dem Gemeindeleben nicht mehr wegzudenken. Sie stellen eine gute Möglichkeit dar, neue Freundschaften zu schließen und fördern Eltern und Kinder.

Kindermitmachkonzerte stoßen auf große Resonanz. Bei Gemeindefesten wird auf familienfreundliche Preise und ein auf die Zielgruppe ausgerichtetes Programm geachtet.

Weitere gern genutzte Angebote für Familien sind Tauferinnerungsgottesdienste, Taufkoffer mit christlicher Literatur, Ehe- und Erziehungsseminare sowie nicht zuletzt die Begleitung an wichtigen Tagen im Kirchenjahr.

Daneben gibt es auch Angebote wie Veranstaltungen zu Erziehungsfragen. Familienwochenenden – beispielsweise im Advent –, und vor allem Familienfreizeiten sind preisgünstige Möglichkeiten für einen abwechslungsreichen Familienurlaub.

MICHAEL WEHRWEIN, *Dekan*

# Frauenarbeit

*Speziell für Frauen hält das Dekanat Lohr a. Main einen bunten Strauß vielfältiger Angebote bereit.*

Zum reichhaltigen Angebot gehören Dekanatsfrauentage mit je rund 300 Frauen, Seminartage für Frauen, Frauenkreise, Treffs, Gesprächsrunden und Seminare in den einzelnen Kirchengemeinden. Dazu kommen jährlich zwei große überkonfessionelle Frühstückstreffen in Gemünden und Lohr a. Main mit je rund 500 Teilnehmerinnen. Die „Frühstückstreffen für Frauen" sind in der Trägerschaft des gleichnamigen Vereins. Bei allen Angeboten geht es um Lebens- und Glaubenshilfe. Die Orientierung an der Bibel ist dabei entscheidend.

Die Seminartage der vergangenen Jahre hatten Themen wie: „Ich will dich segnen und du sollst ein Segen sein!", „Frau schweigt nicht (mehr)?!", „Sind unsere Werte alte Hüte?", „Ich möcht' so gerne glücklich sein! – Glück, was ist das?", „Wind und Wellen in meinem Leben – Zwischen Angst und Vertrauen", „Was sind die zehn Gebote heute noch wert?"

Zu den Seminartagen sind besonders Mitarbeiterinnen aus den Kirchengemeinden eingeladen. Jede Veranstaltung zählt etwa 60 Teilnehmerinnen.

In größerem Rahmen finden die Dekanatsfrauentage statt. Auf großes Interesse stoßen Themen wie: „Lasst uns das Leben wieder leise lernen!", „Wer mich nicht mag, ist selber schuld" und „Ich habe Angst – du auch? Wege aus der Angst". Die Dekanatsfrauentage finden meist an einem Samstagnachmittag von 14 bis 18 Uhr an wechselnden Orten im Dekanat statt. Neben dem inhaltlichen Schwerpunkt bieten sie für Frauen aus dem weitläufigen Diasporadekanat eine gute Gelegenheit zur Begegnung. Ein Büchertisch, Seelsorgeangebote und eine geistliche Besinnung runden das Programm ab. Die Presse, mitunter sogar das Lokalfernsehen, berichten ausführlich über die Veranstaltungen.

ILSE UND MICHAEL WEHRWEIN

Der christliche Sänger und Liedermacher Manfred Siebald zu Gast beim Dekanatsfrauentag 1999 in Mittelsinn.
Foto: Michael Wehrwein

# Kinder- und Jugendarbeit

*Evangelische Jugendarbeit in unserem Dekanatsbezirk wendet sich an Kinder, Jugendliche und junge Erwachsene, um ihnen lebensfördernde Begegnungen auf der Grundlage des Evangeliums von Jesus Christus zu ermöglichen.*

Alle tätigen Gruppierungen auf Gemeinde- und Dekanatsbezirksebene sehen das Ziel ihrer Arbeit darin, „als mündige und tätige Gemeinde Jesu Christi das Evangelium von Jesus Christus den jungen Menschen in ihrer Lebenswirklichkeit zu bezeugen" (aus der Ordnung der Evangelischen Jugend in Bayern/1994).

Kinder- und Jugendarbeit in den Gemeinden gestaltet sich sehr vielfältig und ist ohne die verantwortliche Mitarbeit ehrenamtlicher Jugendleiterinnen und -leiter nicht durchführbar. Sie wird unterstützt und begleitet von den Pfarrerinnen und Pfarrern, dem Dekanatsjugendpfarrer Sieghard Sapper (Dittlofsroda), dem Dekanatsjugendreferenten sowie einigen wenigen nebenamtlichen Kräften.

Eine Zusammenarbeit auf Dekanatsbezirksebene kann bis in die Anfänge der 1950er Jahre zurückverfolgt werden. Aber erst seit 1970 treffen sich Jugendliche und junge Erwachsene jährlich im Frühjahr und im Herbst zu Mitarbeitertreffen, um Fragen des kirchlichen, politischen und persönlichen Lebens zu diskutieren. Aus der Mitte dieses Dekanatsjugendkonvents werden acht VertreterInnen gewählt, die zusammen mit dem Jugendpfarrer und dem Jugendreferenten versuchen, die Vorschläge und Anregungen aus den Reihen der Ehrenamtlichen im Jahresprogramm zu berücksichtigen. Planung, Organisation

# KINDER- UND JUGENDARBEIT

Action, Spaß und geistliche Aspekte – wenn die Mischung stimmt, gelingt die Kinder- und Jugendarbeit.
*Foto: Privat*

und Durchführung der beschlossenen Veranstaltungen werden mit Hilfe weiterer MitarbeiterInnen aus vielen Gemeinden unseres Dekanatsbezirkes verwirklicht.

Die Dekanatsjugendkammer besteht aus gleich vielen ehrenamtlichen und hauptamtlichen Mitarbeiterinnen und Mitarbeitern und ist das zweite wichtige Gremium der Evangelischen Jugend im Dekanatsbezirk. Sie schafft die inhaltlichen und finanziellen Rahmenbedingungen für eine Kinder- und Jugendarbeit, die für alle jungen Menschen in unserem Dekanatsbezirk attraktiv und fördernd sein will.

## ■ Schwerpunkte der Jugendarbeit

Im Laufe der letzten 20 Jahre haben sich folgende Veranstaltungsschwerpunkte herausgebildet:

■ *Frühjahrs- und Herbstvollversammlungen des Dekanatsjugendkonvents:* Jugendliche und junge Erwachsene treffen sich an einem Wochenende, um Erfahrungen auszutauschen, sich informieren zu lassen, um zu wählen, sich geistig und geistlich weiterzubilden, um Gottesdienste zu feiern und um Gemeinschaft auf Zeit zu praktizieren.

■ *Dekanatsjugendtage:* Mädchen und Jungen ab 13 Jahren verbringen gemeinsam einen Tag in einer Kirchengemeinde mit Gottesdienst, Gesprächsgruppen, kreativen und sportlichen Aktionen und Konzerten mit christlichen Bands.

■ *Dekanatsjungschartage:* Von 1982 bis 2001 trafen sich jährlich Jungen und Mädchen im Alter von sechs bis elf Jahren zu einem großen Kinderfest, bei dem das gemeinsame Feiern, Spielen, Basteln und Singen im Mittelpunkt stand.

■ *Begegnungsarbeit:* Von 1976 bis 1990 kamen Jugendliche und junge Erwachsene der Evangelischen Jugend des Dekanatsbezirks und der Jungen Gemeinde in Görlitz-Rauschwalde einmal im Jahr im östlichen Teil von Berlin zusammen, um Kontakte mit jungen Christen aus dem anderen Teil

# KINDER- UND JUGENDARBEIT

Lager-Romantik beim Zeltlager auf Burg Feuerstein.
*Foto: Wolfgang Kenner*

Deutschlands aufzunehmen, private und berufliche Erfahrungen auszutauschen, den anderen in seiner spezifischen Situation verstehen zu lernen und über Glaubensfragen zu sprechen. Auch wurden Probleme, Fragen und Entwicklungen des kirchlichen Lebens diskutiert und gemeinsam Gottesdienste gefeiert. Nach zwanzig Jahren Begegnungsarbeit wurde die Partnerschaft am 18. Mai 1996 mit einem Ehemaligentreffen in Görlitz offiziell beendet.

■ *Das Jugenddankopferprojekt:* Seit 1990 bestehen freundschaftliche Beziehungen zwischen jungen Menschen aus dem nördlichen Teil von Namibia und Jugendlichen aus unserem Dekanatsbezirk. 1990, 1995 und im Jahr 2000 hatten MitarbeiterInnen der Evangelischen Jugend Gelegenheit, Namibia zu bereisen, das dortige kirchliche Leben kennen zu lernen und neue Kontakte zu VertreterInnen der ELCIN-YOUTH zu knüpfen. Die afrikanischen Freunde kamen 1992 und 1997 zu zwei Gegenbesuchen in unseren Dekanatsbezirk. Die beiden Projekte „Baustein-Projekt" und „Ein Auto für die Jugendarbeit" der ELCIN-YOUTH konnten mit unserer Hilfe erfolgreich abgeschlossen werden. Ein drittes Projekt („Gästehaus"), das unter der Trägerschaft der Evangelischen Jugend im Dekanatsbezirk Aschaffenburg lief, wurde ebenfalls von der Evangelischen Jugend im Dekanatsbezirk Lohr a. Main unterstützt.

■ *Freizeiten:* Schwerpunkt der Jugendarbeit auf Dekanatsbezirksebene bilden Zeltlager und Freizeiten in Selbstversorgerhäusern für Kinder und Jugendliche von acht bis 15 Jahren. Junge Menschen aus den Landkreisen Main-Spessart und Bad Kissingen haben die Möglichkeit, einen Teil der Schulferien mit Gleichaltrigen bei Sport, Spiel, Spaß und Besinnung zu verbringen.

WOLFGANG KENNER, *Dekanatsjugend-Referent*

*Evang. Jugend im Dekanatsbezirk Lohr, Dr. Gustav-Woehrnitz-Weg 6, 97816 Lohr a. Main, Tel. (0 93 52) 87 16 14, Fax (0 93 52) 87 16 33, E-Mail: Ev.Jgd-Dek.Lohr@t-online.de*

# Kirchenmusik

*Gerade in der Diaspora spielt die Kirchenmusik eine wichtige integrative Rolle. Zugleich bietet sie Chancen für ökumenische Brückenschläge.*

Kirchenmusikalische Arbeit beschränkt sich auch in unserem ländlich und kleinstädtisch geprägten Dekanat heutzutage nicht mehr auf die drei traditionellen Säulen Kirchenchöre, Posaunenchöre und Orgelspiel. Die mittlerweile im kirchlichen Leben etablierte Popularmusik bringt neben der Arbeit von Bands weitere Aktivitäten wie Gospelchöre und Musicalprojekte hervor. Viele dieser Aktivitäten sind projektbezogen und zeitlich begrenzt, manche gehen erfreulicherweise auch über Konfessions- und Gemeindegrenzen hinaus. Die kirchenmusikalische Landschaft ist damit nicht mehr so überschaubar und reguliert wie vor einigen Jahrzehnten, jedoch lebendiger, zukunftsträchtig und insgesamt wachsend.

Der weitaus größte Teil der musikalischen Arbeit in den Gemeinden wird von neben- und ehrenamtlichen Kräften bestritten. In Lohr gibt es eine hauptamtliche Dekanatskantorenstelle.

Schwerpunkt des Dekanatsauftrags ist die Erteilung von Unterricht für den Organisten- und Chorleiternachwuchs; bis zu zehn Schüler erhalten regelmäßigen Unterricht in ihren Gemeinden. Weiterhin ist die Leitung des Bezirksposaunenchors und die übergemeindliche Chorarbeit in den Händen des Dekanatskantors. Außerdem gibt es eine umfangreiche Konzertarbeit (u. a. „Lohrer Abendmusiken") sowie Fortbildungs- und Beratungsangebote.

### ■ Chorarbeit

Traditionelle Chorarbeit in Kirchenchören, Vokalensembles und Projektchören gibt es in Marktheidenfeld, Lohr, Partenstein, Gemünden, Hammelburg, Bad Brückenau, Dittlofsroda, Burgsinn und Mittelsinn.

## KIRCHENMUSIK

Open-Air-Konzert der vereinten Posaunenchöre beim Posaunentag im Mittelsinner Pfarrgarten.
*Foto: Privat*

In übergemeindlicher Zusammenarbeit konnten in den vergangenen Jahren auch einige viel beachtete Aufführungen oratorischer Werke von Keiser, Vivaldi und Bach organisiert werden. Ein aus Mitgliedern aller Kirchenchöre gebildeter Dekanatschor trägt zur kirchenmusikalischen Ausgestaltung der Dekanatskirchentage bei.

### ■ Bläserarbeit

Posaunenchöre gibt es in Höllrich/Heßdorf/Weickersgrüben, Burgsinn, Mittelsinn, Bad Brückenau, Lohr, Marktheidenfeld und Partenstein, mit einem besonderen Schwerpunkt in den traditionsverbundenen Gemeinden des mittleren Sinngrunds.

Die Posaunenchöre treffen zu Bezirksproben sowie zum jährlichen Dekanatsbläsertag zusammen. Sie gestalten besondere Anlässe wie etwa Chorjubiläen, Dekanatskirchentage und festliche übergemeindliche Gottesdienste musikalisch aus. Die Ausbildung des Nachwuchses erfolgt in den meisten Chören ehrenamtlich durch Bläser aus den eigenen Reihen.

### ■ Bandarbeit und Popularmusik

Regelmäßig probende Bands gibt es in den Kirchengemeinden Gemünden (GoDiMus) und Lohr (Ataraxia). Neue Chorarbeit (Neues geistliches Lied, Gospel, Spiritual, Sacropop) findet sich zur Zeit in Lohr, Mittelsinn, Weickersgrüben und Zeitlofs. Gospelchorworkshops und Kindermusicalprojekte seien als weitere Beispiele aus diesem Arbeitsbereich genannt.

## ■ Orgeln zwischen Spessart und Rhön

Die Instrumente in den evangelischen Kirchen des Dekanates bilden eine erstaunlich vielfältige Orgellandschaft. Die historischen Instrumente in den Kirchen von Geroda, Heßdorf und Zeitlofs zeigen sich mit ihrer Einmanualigkeit und ihrem Reichtum an charakteristischen Flöten, Streichern und Prinzipalen von der süddeutschen Orgeltradition des 18. und 19. Jahrhunderts geprägt.

In Dittlofsroda und in der Christuskirche im Staatsbad Bad Brückenau findet man Instrumente vom Anfang des 20. Jahrhunderts in charakteristischer spätromantischer Prägung.

Glücklicherweise entstanden auch in den letzten drei Jahrzehnten einige gewichtige Orgelneubauten. Eine Besonderheit stellt die von der britischen Werkstatt Walker & Sons erbaute Orgel der Kreuzkirche in Wildflecken dar. Ihr Gehäuse nimmt die Linienführung des von der Bauhausarchitektur geprägten Raumes auf, orientiert sich aber in Disposition und Klanglichkeit in gelungener Weise am Orgelbau der französischen Spätromantik.

Weitere Akzente setzen mit ihren farbenreichen neobarocken Dispositionen die Instrumente der Hammelburger St. Michaelskirche (Steinmeyer) und der Lohrer Auferstehungskirche (Hey, 1982).

MARK GENZEL, *Dekanatskantor*

# Lektoren- und Prädikantenarbeit

*„Ihr werdet die Kraft des Heiligen Geistes empfangen ... und werdet meine Zeugen sein ... bis an das Ende der Erde." (Apostelgeschichte 1, 8–9)*

Das ist die Verheißung und der Auftrag, die der auferstandene Christus seiner Kirche hinterlassen hat, nicht nur den Aposteln damals, nicht nur den ordinierten Pfarrerinnen und Pfarrern heute, sondern allen, die sich Christen nennen.

Zeugen Jesu Christi und seiner froh machenden Botschaft sind in besonderer Weise die Frauen und Männer, die in den Gemeinden unseres Dekanates im Lektoren- und Prädikantendienst tätig sind.

Zur Zeit sind 21 engagierte Mitarbeiterinnen und Mitarbeiter immer wieder im Einsatz. Mit Begeisterung, Hingabe und liturgischer Kompetenz gestalten sie viele Gottesdienste. Als Lektorinnen und Lektoren tragen sie dabei Lesepredigten vor, die vom Gottesdienstinstitut der Landeskirche herausgegeben werden. Prädikantinnen und Prädikanten sind aufgrund ihrer weiter gehenden Ausbildung und Beauftragung dagegen berechtigt, ihre eigenen Predigten auszuarbeiten und im Gottesdienst zu halten. Auch dürfen sie die Feier des Heiligen Abendmahls leiten.

Alle Mitarbeitenden im Lektoren- und Prädikantendienst sind durch einen landeskirchlichen Ausbildungsgang in liturgischen und theologischen Fragen qualifiziert. Ihre Arbeit geschieht ehrenamtlich und ist – im Gegensatz zum Dienst der Pfarrerinnen und Pfarrer – nicht an eine bestimmte Gemeinde gebunden. Ihre besondere Gabe bringen sie nicht nur bei Vakanzen und während der „pfarrerarmen" Urlaubszeit, sondern jederzeit und ganz selbstverständlich ein und bereichern so das gottesdienstliche Leben in den Gemeinden des Dekanates.

### ■ Der Auftrag Christi

„Ihr werdet meine Zeugen sein." Um diesen Auftrag Christi im Verkündigungsdienst verantwortlich erfüllen zu können, ist regelmäßige Fortbildung und theologischer Gedankenaustausch notwendig. Dazu dienen Kurse und Seminare, die das Gottesdienstinstitut der Landeskirche in Nürnberg, Abteilung Gottesdienstmitarbeit, anbietet.

Darüber hinaus finden auf Dekanatsebene reihum in den Gemeinden in der Regel jährlich vier Lektoren- und Prädikantentreffen statt. Auf dem Programm stehen Themen wie „Fragen der Rhetorik", „Die Heilkraft der Feste" oder „Was predigt uns das Kirchenjahr?", „Liturgisches Sprechen und Singen (mit Bezirkskantor Mark Genzel)", „Was wir als Christen glauben" und andere.

Auch der Austausch über Fragen und Erfahrungen des Verkündigungsdienstes wird bei diesen Dekanatstreffen unter der Leitung des Beauftragten für die Lektoren- und Prädikantenarbeit im Dekanatsbezirk intensiv gepflegt.

Die vielfältigen Einsätze der Mitarbeitenden im Lektoren- und Prädikantendienst sind ein deutliches Zeichen für die Lebendigkeit und den geistlichen Reichtum unserer Gemeinden.

Wir dürfen dankbar sein dafür, dass die Verheißung und der Auftrag des auferstandenen Christus auch auf diese Weise unter uns wahrgenommen wird: „Ihr werdet die Kraft des Heiligen Geistes empfangen … und werdet meine Zeugen sein … bis an das Ende der Erde."

Einführung von Prädikant Klaus Voshage (Mitte) im März 2001 mit Pfarrer Robert Rüster (li.) und Dekan Michael Wehrwein (r.).
*Foto: Winfried Ehling*

---

ROBERT RÜSTER, *Pfarrer in Hammelburg und Beauftragter für die Lektoren- und Prädikantenarbeit im Dekanatsbezirk Lohr a. Main*

# Männerarbeit

*"Männerarbeit ist schwer – aber sie lohnt" lautet das Motto der evangelischen Männerarbeit.*

„Wo geht's lang?" – Das ist nicht nur die Frage bei einer Wanderung des Lohrer Männertreffs im Biosphärenreservat Hohe Rhön. So lautet auch die Grundfrage fürs Leben.
Foto: Michael Wehrwein

Gemeinschaft erleben, Stärkung und Orientierung erfahren – das können Männer in den Männertreffs in Lohr a. Main und Marktheidenfeld. Diskussionen und Vorträge sowie gemeinsame Unternehmungen wechseln sich bei den regelmäßig stattfindenden Treffs ab. Ein Höhepunkt des Jahres ist die Männerwanderung, die sich in der Regel über zwei Tage erstreckt.

„Typisch Mann", „Stress", „Zeitplanung" lauteten einige Themen der vergangenen Zeit im Lohrer Männertreff. Fragen über Gesundheit und Politik werden ebenso diskutiert wie soziale und ökologische Themen. Auch Informationen über andere Kulturen und Religionen sind Inhalt der Treffs.

Männer brauchen Gemeinschaft und Orte, wo sie mit anderen Männern über sich, ihre Fragen und Probleme reden können. Die Männerarbeit des Dekanates Lohr a. Main bietet dazu Raum und Gelegenheit.

MICHAEL WEHRWEIN, *Dekan*

# Militär-Seelsorge

*Die Bonnlandkirche ist nicht nur historisches Dokument für eine vor einigen Jahrzehnten geschehene Umsiedlung der Bevölkerung eines ganzen Dorfes, sondern auch sichtbares Zeichen dafür, dass die Kirche unter den Soldaten präsent ist.*

So leisten der Standortpfarrer von Hammelburg und sein Mitarbeiter, der so genannte Pfarrhelfer, Militärseelsorge in den Standorten Hammelburg, Mellrichstadt und Wildflecken.

Dies ist umso wichtiger, da die Bundeswehr momentan durch ihre Präsenz in Krisengebieten sowie die gegenwärtig anstehende Strukturreform in besonderer Weise herausgefordert ist. Vor diesem Hintergrund als Christ und Vertreter der Kirche präsent sein zu können und mit der frei machenden Botschaft des Evangeliums gehört zu werden, ist eine Chance, die man nicht unterschätzen sollte. Denn die Soldaten als „Männer in den besten Jahren" stellen nicht unbedingt die Gruppe dar, die normalerweise die Kirche oder den Gemeindesaal füllt.

Ein Militärpfarrer ist nicht in erster Linie „Missionar", aber er ist natürlich durch seine Rolle als Pfarrer ständig als glaubender Mensch und Vertreter der Kirche gefragt und herausgefordert.

Militärseelsorge läuft jedoch nicht so ab, dass sich der Pfarrer in sein Büro setzt und darauf wartet, dass ein Soldat mit einem Problem zu ihm kommt. Vielmehr müssen aktiv Angebote zur Kommunikation und Hilfe gemacht werden.

So bietet der in der Regel monatlich stattfindende lebenskundliche Unterricht die Möglichkeit, mit Soldaten ins Gespräch zu kommen. Das Themenspektrum ist breit: Es reicht von Sekten über

## MILITÄRSEELSORGE

Frauen bei der Bundeswehr bis zu der ethischen Berechtigung von Einsätzen ohne UN-Mandat. Der Militärpfarrer versucht dabei, aus christlicher Perspektive Orientierung zu geben und Stellung zu nehmen.

Vertieft werden solche Gespräche bei mehrtägigen Rüstzeiten. Das sind Kurzfreizeiten, die die Militärseelsorge für Soldaten und an manchen Wochenenden auch für deren Familien anbietet. Dabei steht ein bestimmtes Thema im

St. Michaelskirche in Bonnland.
*Foto: Peter Loewens*

Mittelpunkt, aber auch Entspannung, Spiel und Geselligkeit kommen nicht zu kurz.

Standortgottesdienste sind als feste, regelmäßige Einrichtung etabliert. Wie in einer zivilen Gemeinde ist der Besuch stark unterschiedlich, aber viele junge Männer, die ohne Konfession aufgewachsen sind, erleben bei dieser Gelegenheit zum ersten Mal einen Gottesdienst.

Im Paragraph 36 des Soldatengesetzes ist das Recht auf ein seelsorgerliches Gespräch sogar während der Dienstzeit festgeschrieben. Soldaten kommen mit verschiedensten persönlichen und dienstlichen Problemen zum Standortpfarrer. Sei es, dass das Geld knapp ist, Schwierigkeiten mit der Freundin bestehen oder das Verhältnis zum Vorgesetzten im Argen liegt. Dieses Gesprächsangebot wird dankbar angenommen und bei allen neu eingezogenen Rekruten vorgestellt.

In den Inhalten seiner Arbeit ist der Militärpfarrer keiner anderen Instanz als seinem bei der Ordination abgelegten Versprechen verantwortlich. Keine staatliche Stelle kann da hineinreden. In organisatorischen Belangen muss er natürlich dienstliche Notwendigkeiten berücksichtigen. Der Standortpfarrer ist streng genommen gleichfalls ein militärischer Dienststellenleiter, auch wenn die Dienststelle sehr klein ist (sie umfasst außer ihm nur den Pfarrerhelfer und eventuell einen Geschäftszimmer-Soldaten).

Waffen segnet der Militärgeistliche heute natürlich nicht mehr. Auch hat er nicht die Aufgabe, sich bei militärischen Sachentscheidungen als der sachverständigere Soldat zu profilieren. „Dabei sein" heißt hier, im Alltag der Soldaten präsent zu sein, manchmal an der „Kaffeefront" oder der „Champagnerfront" Dienst zu tun. Diese Präsenz bei erfreulichen und unerfreulichen Ereignissen schafft Vertrauen und das Gefühl, dass der Pfarrer ein offenes Ohr hat und jederzeit ansprechbar ist.

Die Präsenz des Militärpfarrers hat sich vor allem bei den Auslandseinsätzen in Krisengebieten als sehr hilfreich und notwendig erwiesen. Dies bestätigt der allergrößte Teil derjenigen, die an einem solchen Einsatz teilgenommen haben.

---

THOMAS LINDER, *Militärpfarrer*

*Militär-Seelsorge Hammelburg,*
*BW-Kaserne, Rommelstraße,*
*97762 Hammelburg,*
*Tel. (0 97 32) 78 40*

# Notfall-seelsorge

*Im Dekanatsbezirk besteht seit November 2002 eine auf ökumenischer Basis tätige flächendeckende Notfallseelsorge.*

An einem Sonntagnachmittag erreichte mich folgender Anruf: „Auf der Rhönautobahn Fulda–Würzburg in der Nähe des Rasthofs Rhön hat sich eine schwere Massenkarambolage ereignet. Ein Reisebus ist verwickelt. Es gibt Tote und viele Verletzte." Gemeindepfarrer und Diakon sind schon vor Ort. Aber der Bedarf ist noch größer. Ich verständige weitere Kollegen im Dekanat und bitte sie um Hilfe.

Notfallseelsorge bedeutet, dass neben den Gemeindepfarrerinnen und -pfarrern rund um die Uhr eine diensthabende Seelsorgerin oder ein diensthabender Seelsorger der beiden großen Kirchen durch die Rettungsleitstelle per „Funkpiepser" in Notfällen erreichbar ist. Die diensthabenden Seelsorger wechseln sich im Wochenturnus ab.

Vom Überbringen von Todesnachrichten gemeinsam mit der Polizei über den Beistand für Opfer von Verkehrsunfällen und deren Angehörigen reichen die Aufgaben bis hin zur Begleitung von Eltern bei plötzlichem Kindstod und ähnlichen dramatischen Situationen. Auch das Betreuen von Hilfskräften kann nötig werden. Neben der „Ersten Hilfe für die Seele" zählt zu den Aufgaben, weitere Begleitung der Betroffenen durch Vertrauenspersonen, durch Gemeindepfarrer und andere Helfer zu organisieren.

Die Mitarbeitenden der Notfallseelsorge werden gründlich auf ihren Dienst vorbereitet und in ihrer schweren Aufgabe durch das Netz der Notfallseelsorge in Bayern begleitet.

MICHAEL WEHRWEIN, *Dekan*

# Seniorenarbeit

*Der Anteil älterer Menschen in der Gesellschaft nimmt zu. Dieser Trend zeigt sich auch in den Kirchengemeinden. Die meisten Kirchengemeinden tragen der wachsenden Zahl älterer Menschen Rechnung und haben entsprechende Angebote in ihrem Programm.*

Zur vielfältigen Palette der Seniorenarbeit gehören Hilfen zu Glaubens- und Lebensfragen, Kreativangebote, Ausflüge, Seniorengymnastik und Seniorentanz. Die Trägerschaft der Programme übernehmen die Kirchengemeinden zum Teil gemeinsam mit den römisch-katholischen Schwestergemeinden vor Ort und in Zusammenarbeit mit den jeweiligen Kommunen.

Sehr beliebt sind die jährlichen Seniorenfreizeiten auf Dekanatsebene in den Gästehäusern Hohe Rhön in Bischofsheim/Haselbach am Fuß des Kreuzbergs. Sie werden vom Dekan und Mitarbeiterinnen gestaltet und bieten ein anregendes Programm in guter Gemeinschaft.

Dabei stehen geistliche Impulse, Gespräche über biblische Texte und Gottesdienste im Mittelpunkt. Lebensbilder und Reiseberichte aus fernen Ländern bereichern das Programm. Sie lenken den Blick weg von der eigenen Situation hin auf andere Schicksale und Kulturen. Damit neben dem Geist und der Seele der Körper nicht zu kurz kommt, wird Gymnastik und Seniorentanz angeboten. Gerne werden in froher Runde Lieder gesungen und bei einer Tasse Kaffee im gemütlichen Café viele Erinnerungen ausgetauscht.

MICHAEL WEHRWEIN, *Dekan*

Teilnehmer einer Seniorenfreizeit in Bischofsheim stellen sich dem Fotografen für das obligatorische Gruppenbild.
*Foto: Gerhard Trapp*

# Ausblick

Nur wer seine Vergangenheit kennt, ist zukunftsfähig. Das vorliegende Buch dokumentiert die Geschichte des Glaubens in der Region. Es erzählt von der Treue Gottes und der Liebe von Menschen zu ihm.

Es berichtet vom Leben evangelischer Christen in Vergangenheit und Gegenwart, im Land zwischen Spessart und Rhön.

Immer wieder wirken die großen und kleinen Ereignisse in der Welt unmittelbar in das engste Umfeld ein. Christen halten trotz aller politischen, wirtschaftlichen, wissenschaftlichen und gesellschaftlichen Umwälzungen am Bekenntnis des Vaterunsers fest: „… denn dein ist das Reich und die Kraft und die Herrlichkeit in Ewigkeit".

Getrost und zuversichtlich machen wir uns auf den Weg in Unbekanntes in der Gewissheit, dass der Herr der Kirche seine Kirche trägt. Jesus Christus selbst hat zugesagt, dass die Pforten der Hölle seine Gemeinde nicht überwältigen werden.

Mit seiner Zusage im Ohr: „Siehe, ich bin bei euch alle Tage bis an der Welt Ende" blicken wir hoffnungsvoll in die Zukunft dem großen Tag unseres Herrn entgegen.

Michael Wehrwein, *Dekan*

# Redaktion und Spender

*Das Redaktionsteam*

■ Hans Englert, Dekanats-Präsidium, Steuerberater, Bad Brückenau ■ Hermann Horndasch, Pfarrer, Zeitlofs ■ Thomas Kohl, Prädikant, Mittelsinn ■ Johannes Müller, Pfarrer, Burgsinn ■ Michael Wehrwein, Dekan, Lohr a. Main ■ Hiltrud Zadra, Dekanats-Sekretärin, Lohr a. Main ■ Gunnar Zwing, Pfarrer, Mittelsinn

*Die Herausgabe dieses Buches wurde finanziell unterstützt durch Spenden von Gemeindegliedern, Institutionen und Firmen.*

Ihnen allen, auch denen, die hier nicht namentlich genannt werden, sei herzlich gedankt! Genannt werden nachfolgend die Spenderinnen und Spender, die einen Betrag ab hundert Euro gespendet haben:
■ Adeliges Damenstift Waizenbach ■ Dr. Gustav-Woehrnitz-Stiftung Lohr a. Main ■ Evang.-Luth. Kirchengemeinde Lohr a. Main ■ Evang.-Luth. Kirchengemeinde Mittelsinn ■ Gemeinde Karsbach ■ Gemeinde Partenstein ■ Wilfried Grampp, Lohr a. Main ■ Hausner, Sanitär und Heizung, Gemünden ■ Landkreis Bad Kissingen ■ Landkreis Main-Spessart ■ Marktgemeinde Wildflecken ■ Raiffeisenbank Lohr a. Main ■ Schlosshotel Rothenbuch ■ Seitz & Kerler GmbH + Co KG Lohr a. Main ■ Sparkassenstiftung für den Landkreis Main-Spessart ■ Staatl. Mineralbrunnen AG Bad Brückenau ■ Stadt Hammelburg ■ Stadt Lohr a. Main ■ Karl-Ludwig Stahl, Marktheidenfeld ■ TÜV Verkehr und Fahrzeug GmbH Würzburg ■ Volksbanken und Raiffeisenbanken im Landkreis Bad Kissingen.

Auch für Spenden, die nach Redaktionsschluss eingegangen sind und deshalb hier nicht mehr namentlich aufgeführt werden können, herzlichen Dank! Schließlich danken wir dem Landratsamt Main-Spessart, dem Tourist Infozentrum Rhön und allen Fotografen, die uns freundlicherweise das Bildmaterial zur Verfügung stellten.

# Pfarrämter und Kirchengemeinden im Dekanat Lohr a. Main

| Kirchengemeinde | Gemeindeglieder | Frauen Ehrenamt | Männer Ehrenamt |
|---|---|---|---|
| **Bad Brückenau** | 2776 | 50 | 30 |
| Eckarts | 142 | | |
| **Burgsinn** | 1127 | 45 | 44 |
| **Dittlofsroda** | 205 | 15 | 7 |
| Völkersleier | 168 | 6 | 3 |
| Waizenbach | 279 | 10 | 4 |
| **Gemünden** | 1876 | 40 | 9 |
| Gräfendorf | 160 | 8 | 2 |
| **Geroda** | 930 | 11 | 7 |
| **Hammelburg** | 2493 | 100 | 35 |
| **Höllrich** | 276 | 14 | 4 |
| Heßdorf | 286 | 11 | 7 |
| Weickersgrüben | 81 | 3 | 5 |
| **Lohr a. Main** | 2598 | 92 | 55 |
| **Marktheidenfeld** | 3338 | 55 | 20 |
| **Mittelsinn** | 977 | 51 | 26 |
| **Partenstein** | 2296 | 70 | 25 |
| **Weißenbach** | 526 | 15 | 13 |
| Detter | 376 | 10 | 10 |
| Heiligkreuz | 59 | 3 | 3 |
| **Wildflecken** | 1051 | 23 | 7 |
| **Zeitlofs** | 810 | 69 | 16 |

Anm.: fett gedruckt sind die Pfarrämter, eingerückt die dazugehörigen Kirchengemeinden. Stand der Statistik: 2001

# Anschriften der Pfarrämter und Kirchengemeinden

| Pfarramt/KG | Anschrift | Zugehörige Gemeindeteile | Landkreis |
|---|---|---|---|
| Bad Brückenau | Auerhahnweg 4<br>97769 Bad Brückenau<br>Tel. (09741) 2331 | Bad Brückenau, Pilsterhof, Röderhof, Römershag, Staatsbad Brückenau, Stockhof, Stockpapiermühle, Volkers, Volkersberg, Wernarz, Eckwiesenhof, Eisenhammer, Fuchsenhof, Haubenhof, Kothen, Kretzenhof, Motten, Oberziegelhütte, Speicherz, Wiesenhof | Bad Kissingen |
| KG Eckarts<br>PfA Bad Brückenau | wie Bad Brückenau | Eckarts, Schmidthof | Bad Kissingen |
| Burgsinn | Am Lindenberg 25<br>97775 Burgsinn<br>Tel. (09356) 1234 | Burgsinn, Tockenbachshof, Fellen, Neuhof, Rengersbrunn, Wohnrod, Hohenroth, Schaippach, Zollberg, Rieneck | Main-Spessart |
| Dittlofsroda | Am Gerstenberg 24<br>97797 Wartmannsroth<br>Tel. (09357) 577 | Dittlofsroda, Eidenbacherhof | Bad Kissingen |
| KG Völkersleier<br>PfA Dittlofsroda | wie Dittlofsroda | Völkersleier, Heckmühle, Sippachsmühle | Bad Kissingen |
| KG Waizenbach<br>PfA Dittlofsroda | wie Dittlofsroda | Waizenbach, Neuwirtshaus, Schwärzelbach | Bad Kissingen |
| Gemünden | Baumgartenweg 4<br>97737 Gemünden<br>Tel. (09351) 3485 | Gemünden, Adelsberg, Aschenroth, Harrbach, Hofstetten, Kleinwernfeld, Langenprozelten, Massenbuch, Neutzenbrunn, Reichenbuch, Schönau, Seifriedsburg, Wernfeld, Gössenheim, Sachsenheim | Main-Spessart |
| KG Gräfendorf<br>PfA Gemünden | wie Gemünden | Gräfendorf, Hurzfurt, Michelau a.d. Saale, Schonderfeld, Seewiese, Wolfsmünster | Main-Spessart |
| Geroda | Pfarrer-Schödel-Str. 9<br>97779 Geroda<br>Tel. (09747) 206 | Geroda, Platz, Seifertshof, Einraffshof, Münchau, Obergeiersnest, Schildeck, Schmittrain, Schönderling, Schondra, Singenrain, Untergeiersnest | Bad Kissingen |
| Hammelburg | Berliner Str. 2<br>97762 Hammelburg<br>Tel. (09732) 2400 | Hammelburg, Elfershausen, Engenthal, Langendorf, Machtilshausen, Trimberg, Trimburg, Fuchsstadt, Altstadt, Bonnland, Diebach, Feuerthal, Gauaschach, Lager Hammelburg, Morlesau, Obererthal, Oberessenbach, Ochsenthal, Pfaffenhausen, Saaleck, Seeshof, Sodenberg, Untererthal, Untereschenbach, Westheim, Thulba, Reith, Frankenbrunn, Hetzlos, Neumühle, Windheim, Limpelbacher Hof | Bad Kissingen |
| Höllrich | Bonnländer Str. 37<br>97783 Karsbach-Höllrich<br>Tel. (09358) 355 | Höllrich, Weyersfeld | Main-Spessart |
| KG Heßdorf<br>PfA Höllrich | wie Höllrich | Heßdorf, Karsbach | Main-Spessart |
| KG Weickersgrüben<br>PfA Höllrich | wie Höllrich | Weickersgrüben | Main-Spessart |
| Lohr a. Main | Dr. Gustav-Woehrnitz-W. 6<br>97816 Lohr a. Main<br>Tel. (09352) 871613 | Lohr a.Main, Buchenmühle, Halsbach, Mariabuchen, Pflochsbach, Rodenbach, Ruppertshütten, Sackenbach, Sendelbach, Steinbach, Wombach, Nantenbach, Neuendorf, Bischbornerhof, Aurora, Erlach, Margaretenhof, Neustadt a.Main, Rechtenbach, Erlenfurt, Lichtenau, Rothenbuch, Steinmühle, Hausen, Steinfeld, Waldzell | Main-Spessart |
| Marktheidenfeld | Friedenstr. 3<br>97828 Marktheidenfeld<br>Tel. (09391) 2325 | Marktheidenfeld, Erlenbach b. Marktheidenfeld, Tiefenthal, Diana, Einsiedel, Hafenlohr, Lindenfurterhof, Torhaus Breitfurt, Windheim, Fuchsenmühle, Hessenmühle, Karbach, Marienbrunn, Zimmern, Rothenfels, Bergrothenfels, Homburg, Lengfurt | Main-Spessart |
| Mittelsinn | Hauptstr. 52<br>97785 Mittelsinn<br>Tel. (09356) 6174 | Aura i.Sinngrund, Deutelbach, Forsthaus Zieglerfeld, Gresselmühle, Obersinn, Dittenbrunner Hof, Emmerichsthal | Main-Spessart |
| Partenstein | Kirchgasse 2<br>97846 Partenstein<br>Tel. (09355) 1242 | Partenstein, Frammersbach, Habichsthal, Neuhütten, Maidelmühle, Wiesen, Krommenthal, Wiesthal | Main-Spessart |
| Weißenbach | Am Schlosspark 2<br>97799 Zeitlofs<br>Tel. (09744) 9272 | Weißenbach, Breitenbach, Dreistelz, Haghof, Mitgenfeld, Modlos, Unterleichtersbach, Oberleichtersbach | Bad Kissingen |
| Detter<br>PfA Weißenbach | wie Weißenbach | Detter | Bad Kissingen |
| Heiligkreuz<br>PfA Weißenbach | wie Weißenbach | Heiligkreuz | Bad Kissingen |
| Wildflecken | Jahnstr. 28<br>97772 Wildflecken<br>Tel.: (09745) 609 | Wildflecken, Riedenberg, Neufriedrichsthal, Am Auersberg, Oberbach, Oberwildflecken, Ziegelhütte | Bad Kissingen |
| Zeitlofs | Baumallee 4<br>97799 Zeitlofs<br>Tel. (09746) 240 | Zeitlofs, Grieshof, Heilsberg, Roßbach, Rupboden, Schlagmühle, Trübenbrunn | Bad Kissingen |

Stand: 27. August 2002